中世 災害・戦乱の社会史

歴史文化セレクション

峰岸純夫

吉川弘文館

目次

はじめに

二〇〇〇年八月一日、雄山《おやま》火山の活発化により伊豆の三宅島《みやけじま》は火山灰に覆われ火砕流《かさいりゅう》も発生して全島避難を決定し、防災・生活維持関係要員を除く住民は続々定期船で島を離れ本土に避難を開始した。TVや新聞で報ずる群発地震や火山弾・火山灰のもとでの住民生活の様相は、約一〇〇〇年前の天仁元年（一一〇八）に上野国《こうずけのくに》を中心に火山災害をもたらした浅間山《あさまやま》の大爆発を思い起させた。この年の四月に北海道有珠山《うすざん》が大爆発を起こし、周辺住民の避難問題が起きた。その後、有珠山は収まったが続いて伊豆七島海域で群発地震や火山活動の活発化があり、遂に三宅島雄山の大爆発の事態となった。あの阪神・淡路大地震から満五年が経過し、人々の自然災害への関心はやや薄れてきていた矢先のことである。

後に述べるように、火山爆発と地震は双生児《そうせいじ》であり、地下におけるプレート間のひずみやずれに基づく岩石破壊によって地震が発生し、プレートの裂け目から地下マグマが地上に噴出すれば火山爆発となるという関係にある。

阪神・淡路大地震の前年、石橋克彦《いしばしかつひこ》『大地動乱の時代―地震学者は警告する―』（岩波新書）が出版された。石橋氏は、プレートテクトニクス理論と歴史地震の分析とに基づいて、迫りつつある関東・東海大地震について叙述し、防災の重要性を指摘した。これを読んだ関西の知人が関東は怖《こわ》いですねと言った。安政元年（一八五四）の安政大地震以来、一世紀半にわたってこれといった大地震の経験のなかった近畿地方においては、地震は他地域のことと観念され、それ故《ゆえ》に阪神・淡路大地震は予想を越えたものであった。しかし、歴史地震を遡《さかのぼ》って見れば、慶長の大地震など近畿地方を襲った大地震は多くあり、近畿地方に地震なしという一般常識がまかり通っていたとすれば、地震についての研究とその普及を怠《おこた》っていた歴史研究者の怠慢《たいまん》といわなければならない。

二十世紀後半の歴史学は、自然災害の研究に比較的冷淡であったように思う。その原因は、高度経済成長と歩みをともにし、自然に対する人間の優位性のゆるぎない確信と自然は人間の開発の対象でしかないという観念が支配的で、自然や自然災害を軽視する傾向があったことは否《いな》めない。自然災害の研究をするものは少数で、ややもすれば悪しき自然決定論に陥っているとの批判を受けがちであった。中世史においてとりわけ社会史研究は盛んになったが、その主流は都市論や呪術論《じゆじゆつろん》を導入した領域構成論で、社会史が本来重点対象とすべきと思われる自然災害や飢饉・伝染病の流行、それと分かち難く展開される戦乱などについての研究が不十分であったと思う。私自身、十四〜五世紀の生産力発展を重視し、それによって成立した剰余の争奪過程として戦国動乱を考えたことがあったが、この考え方は誤りとして撤回したい。十五世紀前半までは、都市や市・宿・町などの都市ないし都市的な場の発展、輸入貨幣による急速な貨幣経済の進展が見られ、網野善彦氏をして、資本主義の萌芽《ほうが》と誤認させるような状況が現出したことは否めないことであった。しかし、その動向はスムースに展開されてはいかず、十五世紀中葉を境に自然条件の悪化を基軸に急角度な経済の下降線をたどる。バブル経済の崩壊といってもよい現象である。

十一〜二世紀に形成され、鎌倉末・南北朝期に再編された荘園公領制のシステムはここに来て急速に崩壊に向かう。慢性的な不作、継起《けいきてき》的な凶作・飢饉《ききん》による農民の年貢減免の闘争、あるいは訴訟・逃散《ちょうさん》などの土一揆《つちいっき》の蜂起によって、主として京都・奈良に貢進される年貢量が急減していった。特に顕著な凶作・飢饉の例としては、応永二十六〜八年（一四一九〜二一）の大旱魃《かんばつ》に起因《きいん》する応永の飢饉、文安五年（一四四八）の長雨《ながあめ》・水害・地震などによる文安の飢饉、長禄三〜寛正二年（一四五九〜六一）の旱魃・風水害による長禄・寛正の飢饉などがある。下《くだ》って、明応七年（一四九八）の遠州灘《えんしゅうなだ》付近に発生した明応大地震津波は、紀伊から房総半島にいたる太平洋沿岸各地に大きな被害をもたらし、活発に展開していた伊勢湾から江戸湾の太平洋水運に大きな打撃を与えた。

災害を契機に引き起こされる各地域のさまざまなレベルの紛争は、領主間紛争に転化し、さらに上部権力の抗争・分裂に発展する。こうして享徳の乱、応仁・文明の乱という東西の長期的内乱が引き起こされ、戦国動乱への幕開けとなる。

本書は、以上のような中世における自然災害、それと密接な関係を持って展開される紛争・戦乱に焦点をあて、そのなかにおける家・村落・領主から国家に至るさまざまなレベルの危機管理の問題について論ずる。危機管理とは、個人・家による生命・財産から、村落・町・都市などの共同体、領主・国家権力の支配構造と組織などを自然災害や戦乱から防護する営みや方策である。危機管理は基本的には個人や共同体の自力により遂行されることが多いが、その能力を超えた巨大な災害・戦乱・侵略に対しては、危機管理の一定部分を領主や国家に付託《ふたく》していた。国家領域や地域の安穏《あんのん》・静謐《せいひつ》を図《はか》るため中世の領主や国家はこの危機管理を行った。具体的には呪術《じゅじゅつ》（祈禱）や用水開発や築堤、種子・農料の下行《げぎょう》などの勧農行為、災害時の年貢・公事《くじ》減免《げんめん》や施行《せぎょう》という形の救済活動であり、また治安維持や外部勢力の侵略を防ぐための武力の保持とその行使などである。これらが被支配層に対する年貢・公事賦課の論理的根拠として支配・被支配関係のなかで観念化されていた。それゆえに、戦乱時における専業武士の武力の補完として領民の軍事徴発をも行ったのである。

本書で取り扱う自然災害とは、第一には台風・長雨による風水害、気候不順による冷害・干害《かんがい》、その被害が広域かつ甚大である場合に発生する凶作・飢饉などである。これらは、日本列島がアジアのモンスーン地帯の中緯度に位置することからくる四季の移り変わりという自然条件と、その恵みによって営まれる稲作・麦作を中心とする農業のあり方によって規定される。

第二には、日本列島の地殻構造に起因する地震・津波・火山爆発などである。日本列島は、大陸側のプレート（オホーツク海プレートとアムールプレート）の下部に海洋側のプレート（太平洋プレートとフィリピンプレート）が沈み込む境界に位置し、ここにプレート（地球を区分する岩石盤）の接触によって起こる岩石破壊（ずれの発生）によって地震が発生し、海底地震の場合は津波を併発させる。岩石破壊による断層の裂け目からは、地下のマグマが噴出して火山爆発を起こす。日本列島はまさに地震・火山列島なのである。富士山・浅間山《あさまやま》をはじめとする美しい形の火山や湖の景観、その周辺に営まれる温泉などからわれわれは多くの恩恵を受けているが、同時に日本列島の歴史はこの地震・火山災害との戦いの歴史でもあった。

戦乱の問題については、戦乱を「英雄・豪傑《ごうけつ》」の興亡史としてのみ把握するものではない。民衆の側からの視点で、いかに戦乱に巻き込まれ人的・物的被害をこうむり、あるいは心ならずも戦争に参加させられて加害者になったりする実態にせまり、あわせて戦乱の中でいかに生命を維持し、個人や村落・都市の危機管理を実現させていったかについて述べていくことにする。

なお、研究史の整理・紹介は、以下の各章の中で行う。

I　自然災害と中世の人びと

一　自然災害と歴史

1　歴史における自然災害

地球的規模で、環境の保全が人類の生存にかかわる課題として認識されつつある昨今、環境の激変である自然災害の問題が人々の深い関心を呼んでいると思う。アフリカを襲った飢餓《きが》、国内では長崎県雲仙普賢岳《うんぜんふげんだけ》の火山災害、またそう遠くない時期に発生が予想される東海・関東地区大地震の問題などが注目されている。

当然のことながら、主として火山爆発によって形成された火山列島ともいうべき日本においては、火山爆発や地震が頻発《ひんぱつ》し、また台風の襲来による風水害、異常気象による旱害《かんがい》・冷害・虫害などが発生した。このような自然災害のいくつかの複合によって極度な食糧不足による大飢饉《ききん》が発生し、抵抗力の弱まった人々に疫病《えきびょう》が襲いかかった。人びとの生活基盤が根底から破壊されて大量の餓死・病死者や流民を生み出した多くの歴史的体験を日本人はもっている。しかし、長期にわたり飢餓に陥ることのなくなった二十世紀末の現代日本では、このことはややもすれば忘れ去れがちである。

前近代では、このような自然災害が起こったとき、そうした自然災害の防除を一つの職務としている国家権力（朝廷《ちょうてい》）は、神仏の加護によってその防除を果たそうとし、諸国の寺社に命じて仁王経《にんのうきょう》などを読誦《どくじゅ》させる一方で、国家的な卜《うらない》である軒廊御卜《こんろうのみうら》によって天の判断を仰ぎ、その結果として元号を変更することで災厄《さいやく》から免れようとした(1)。表は、中世における災異改元《さいいかいげん》による新元号を示した。

このような改元の理由となった自然災害やその他の自然災害について、被害の地域や程度などについて全面的に明らかにしていく課題があると思う。

表1　災異改元のうち自然災害によるもの

新年号	天皇	年月日	要因
治承	高倉	一一七七・八・四	火
寿永	安徳	一一八二・五・二七	飢・病・兵
文治	後鳥羽	一一八五・八・一四	火・地
建永	土御門	一二〇六・四・二七	病
承元	〃	一二〇七・一〇・二五	三・病
建保	順徳	一二一三・一二・六	天・地
承久	〃	一二一九・四・一二	三・天・旱
元仁	後堀河	一二二四・一一・二〇	天・旱
嘉禄	後堀河	一二二五・四・二〇	病
安貞	〃	一二二七・一二・一〇	天・病・風
寛喜	〃	一二二九・三・五	天・風・飢
貞永	〃	一二三二・四・二	天・風・水・飢
文暦	四条	一二三四・一一・五	天・地
嘉禎	〃	一二三五・九・一九	天・地
延応	〃	一二三九・二・七	天・地
仁治	〃	一二四〇・七・一六	天・旱
康元	後深草	一二五六・一〇・五	病

正元	後深草	一二五九・三・二六	飢・病
弘安	後宇多	一二七八・二・二九	病
永仁	伏見	一二九三・八・五	地・天・旱
嘉元	後二条	一三〇三・八・五	旱・天
応長	花園	一三一一・四・二八	病
正和	〃	一三一二・三・二〇	天・地
文保	〃	一三一七・二・三	地
嘉暦	後醍醐	一三二六・四・二六	病・地
元徳	〃	一三二九・八・二九	病
元弘	〃	一三三一・八・九	病
康永	光明	一三四二・四・二七	病・天
貞和	〃	一三四五・一〇・二一	病・風・水
康安	後光厳	一三六一・三・二九	病・天・兵
貞治	〃	一三六二・九・二三	兵・病・天・地

応安	後光厳	一三六八・二・一八	兵・天
天授	長慶	一三七五・五・二七	地
康暦	後円融	一三七九・三・二二	天・病・兵
嘉慶	後小松	一三八七・八・二三	病
康応	〃	一三八九・二・九	病
明徳	〃	一三九〇・三・二六	天・兵
応永	〃	一三九四・七・五	病・旱
宝徳	後花園	一四四九・七・二八	水・地・病・飢
長禄	〃	一四五七・九・二八	病・旱
寛正	〃	一四六〇・一二・二一	飢
延徳	後土御門	一四八九・八・二一	天・病
明応	〃	一四九二・七・一九	病
大永	後柏原	一五二一・八・二三	兵・天
慶長	後陽成	一五九六・一〇・二七	天・地

※三＝三合（暦法上の災厄年）　地＝地変（地震、山崩れなど）　天＝天変（彗星の出現など）　旱＝旱魃
風＝風害　水＝水害　飢＝飢饉　病＝疫病などの流行　火＝内裏や大都市での火災　兵＝兵革（戦乱）
＊火災・兵革のみは割愛

2　自然災害史研究の一端

自然災害史の研究は、歴史学・考古学と天文学・気象学・地震学・植物生態学・河川工学などの諸研究分野との学際的研究領域である。このような学際的研究は、部分的には近年ようやく活発化に向かいつつも、まだ十分な状況とはいえないように思う。ここでは、歴史学・考古学を中心として、その研究の一端を紹介しておこう。北関東の一角に位置する上野国《こうずけ》では、北・西部を赤城《あかぎ》・榛名《はるな》・白根《しらね》・浅間《あさま》などの火山が取り巻き、とりわけ榛名・浅間の両火山は古代・中世に活発な活動をしていた。六世紀初頭の榛名山二ツ岳《ふたつだけ》火山灰（FA）、六世紀末の榛名山二ツ岳軽石（FP）、天仁元年（一一〇八）の浅間山軽石（浅間B）という三つの火山灰（軽石）層（テフラ）の土層内堆積は、その火山爆発がきわめてすさまじいものであったことを示している。

それぞれのテフラの年代確定の作業が、各遺跡の考古学的遺物の検証とともに進められ(2)、ほぼ共通認識として確定されてくると、今度はそのテフラが発掘調査の年代判定尺度として重要な役割を果たすようになってきた。

この三つのテフラが重層的に検出された高崎《たかさき》市の同道《どうどう》遺跡では、形態の異った埋没水田がそれぞれのテフラの上に形成され、しかもそれぞれの段階の水路を伴う開発経過が明らかに示されていた(3)。F

（上）　左半部は土塁下から姿を現した火山灰を鋤き込んだ12世紀の畠、右半部は発掘中の堀の部分、（下）の写真上部に位置する。

（下）　完掘された女堀の一区間、幅約30mの堀の中心部に幅約４mの溝が掘られ、二重の構造となっている。

図１　女堀（前橋市飯土井地区）

Aによって埋没された子持《こもち》村黒井峯《くろいみね》・西組《にしぐみ》両遺跡、渋川《しぶかわ》市中筋《なかすじ》遺跡の発掘においては、多くの住居跡の遺構のなかに火山爆発時点で使用されていた住居が明らかにされ、爆発と同時に熱を帯びた火山弾や火山灰によって住居が押しつぶされていく経過までが推定されるに至った。(4)

浅間Bテフラが一面に降りつもり、その層を鋤《す》き込んで畠が形成され、その畠を掘り割って構築された赤城山南麓の巨大用水遺構女堀《おんなぼり》（前橋市・赤堀町）の発掘調査では、火山爆発後の畠地や用水開発の状況が明らかにされた。(5)これらの発掘調査や研究は、地質学・考古学・文献史学の研究者の協力によって進められてきた。

また新里《にいさと》村教育委員会は、砂田《すなだ》遺跡・蕨沢《わらびさわ》遺跡を中心に、村内および周辺地域の遺跡調査から、地震災害による泥流の発生で埋没した水田、断層や地割れの跡、墳砂《ふんさ》（液状化現象）の跡などを綿密に調査した。その結果、それらの地震災害遺構が九世紀前半に集中するところから、このような跡を遺した地震は、菅原道真編『類聚国史《るいじゅうこくし》』にみられる弘仁九年（八一八）七月の関東地震（震源地は上野国）であると推定し、地震考古学研究のすぐれた成果を報告している。(6)

以上が、火山・地震災害史研究（群馬県のみ）であるが、飢饉などの研究については、磯貝富士男氏の成果があげられる。磯貝氏は、寛喜三・四年（一二三一・二）の寛喜《かんぎ》の飢饉の実態を、その原因（前年夏の冷害）と飢饉の惨状とそれが人間生活に及ぼす影響（流民と下人化）を明らかにし、このことが身分の帰属をめぐって相論の激発を招き、さらには御成敗式目《ごせいばいしきもく》（貞永式目）成立の要因であるとしている。(7) また、一般的には生産力発展の指標とされる水田二毛作や畠方雑穀栽培《はたかたざっこくさいばい》に関する諸史料の検討から、自然災害から緊急避難（救荒）の色彩の強いことを指摘している。(8) さらに地球の温暖・寒冷化に関連する海潮位《かいちょうい》の上下を問題にし、元弘三年（一三三三）の新田義貞《にったよしさだ》の稲村ヶ崎《いなむらがさき》突破問題を実地踏査をふまえて解明している。(9)

以上、私の目にふれた一部の研究をあげたに過ぎないが、自然災害の分野別にデータを整理する必要があり、自然災害史の視点を導入することによって、さらに豊かな事実に則した歴史像が形成されると思う。従来の文献史学は人間の自然に対する主体的働きかけを重視する余り、自然の猛威が社会や生活に及ぼす影響を過少評価してきた傾向が認められると思う。

3　永仁元年関東大地震と平禅門の乱

正応六年（一二九三）八月五日、朝廷は永仁と改元した。改元の理由は、四月十三日の「関東大地震」に加えて、この年の六月〜八月の大旱魃《かんばつ》と前年二月十一日の「木星が軒轅女主《けんえんじょしゅ》星（しし座のα星）を犯す」（『伏見院御記』）という天変であった（『続史愚抄』『一代要記』）。

この関東大地震は、治承元年（一一七七）に畿内《きない》を襲った大地震（東大寺の鐘と大仏の螺髪《らほつ》の落下）以来のものといわれ、鎌倉の堂舎や人宅がことごとく転倒し、幾千人もの死者が出て、建長寺《けんちょうじ》が倒壊炎上した。由比《ゆい》ヶ浜《がはま》の鳥居《とりい》付近では、一四〇人もの死体が転《ころ》がっていたと、当時鎌倉に在住していた京都醍醐寺《だいごじ》の僧親玄僧正《しんげんそうじょう》が書き遺《のこ》している（『親玄僧正日記』）。また、大地震と山崩《くず》れで人屋が倒壊し、関東全域で二万三〇三四人の死者が出て、大慈寺《だいじじ》は倒壊し、建長寺は炎上したとされている（『武家年代記裏書』）。さらに、その後二十一日まで、強弱折りまぜての揺り返し（余震）が続き（その後、断続的になる）、人々の不安が高まり、寺社では愛染王護摩《あいぜんおうごま》や大北斗法《だいほくと》の読経《どきょう》などが行われた（『親玄僧正日記』）。

この地震は、推定マグニチュード七・一の極浅発（直下型）地震と考えられ、震源地は相模《さがみ》の陸地（丹沢付近か）と推定され、相模西北部を震源としマグニチュード七・九の大正十二年（一九二三）の関東大震災に匹敵する大地震と推定されている。

ところが、この大地震直後の二十二日に、幕府内の大事件が発生する。平禅門《たいらのぜんもん》（平頼綱）の乱である。執権北条貞時《しっけんほうじょうさだとき》の内管領《ないかんれい》平頼綱が、弘安八年（一二八五）の霜月《しもつき》の乱において幕府草創期以来の有力御家人《ごけにん》安達《あだち》氏（泰盛）を滅亡させて、権力を掌握した。その頼綱《よりつな》が今度は貞時に誅滅《ちゅうめつ》された事件である。貞時は、謀叛《むほん》を理由に武蔵七郎《むさしのしちろう》（北条氏一門か）を討手《うって》にさし向け、経師《きょうじ》ヶ谷《がやつ》・葛西《かさい》ヶ谷《がやつ》などの平頼綱とその子飯沼助宗《いいぬますけむね》の屋敷を次々に襲撃させ、頼綱・助宗をはじめとして九三人を殺害した。このなかには、頼綱邸で乳母《めのと》に預けられていたと考えられる貞時の娘もいた。戦闘の直前に、頼綱嫡子《ちゃくし》平宗綱《むねつな》は、脱走して貞時の許に逃げ入り、父の「逆意」に同意していないと証言して助命を乞い、宇都宮景綱《うつのみやかげつな》に身柄を預けられている（のちに佐渡へ流罪）(10)。

この事件は、内管領平頼綱より執権の北条貞時が実権を奪取し、得宗《とくそう》専制を確立する契機となったものとして評価されているが、前記の地震災害と密接に関連した政治的事件として興味ぶかいものがある。当時、この乱は、大地震と並んで衝撃的に受けとめられ、頼綱の専横と驕《おごり》が、滅亡を招いたと評されている（仁和寺所蔵『梵記抄』裏文書）。貞時は、母も妻も安達氏の出身で、頼綱に滅された安達氏に同情を抱きつつ成人し、頼綱の専横を憎み奪権の機会をうかがっていたことは想像に難くないが、

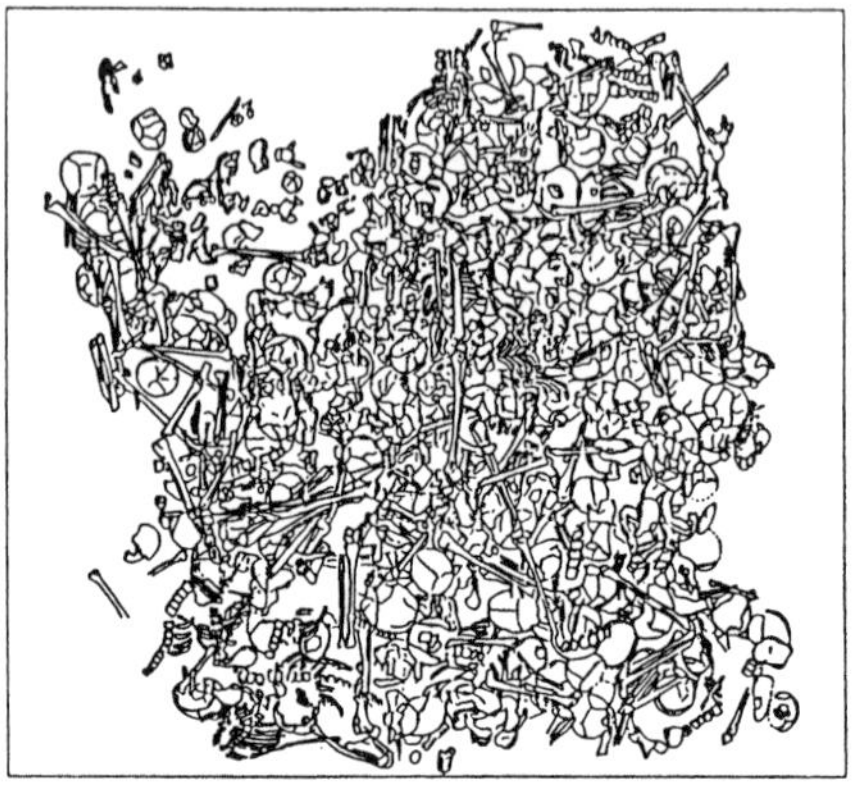

図2　由比ヶ浜（若宮ハイツ）遺跡の土壙内人骨集積（中層）　径3ｍ、深さ30～40㎝ほどの不整円形土壙内に、頭骨・四肢骨が幾重にも投げ込まれていた。ほぼ一体分の形のものもあるが、多くは遊離し、しかも頭骨が多い（約130体分）。刀傷などは未確認である（田代郁夫「鎌倉の『やぐら』第3回考古学と中世史研究シンポジウム、1992年より）。

事件の発端は大地震の世情不安のなかで偶発的に発生したものと考えられる。

大地震の発生と同時に、権勢者平頼綱は身の危険を感じて屋敷内の防備を固め、それが執権北条貞時の目に謀叛準備と映じ、世情不安のなかで飛び交う情報がこれを増幅した。一種の集団ヒテスリー状況のなかの極度の疑心暗鬼が、貞時をして頼綱誅殺の先制的軍事発動に走らせたと考えられる。関東大地震において、不正確な情報が乱れ飛び、そのなかで自警団や軍人による朝鮮人・社会主義者の虐殺《ぎゃくさつ》が行われたことと現象的には類似したものがあると考えられる。

この関東大地震は、多くの断層や液状化現象を発生させたと考えられるので、その地質学・考古学研究が期待される。またこのときの死体の埋葬なども各地でなされたと考えられ、由比ヶ浜の発掘調査による集団埋葬地域には、合戦の死者以外にも、この地震による死者のものもあると考えられる。

4　明応七年東海大地震津波と太平洋水運

明応七年（一四九八）八月二十五日に遠州灘《えんしゅうなだ》を震源地とする推定マグニチュード八・二〜八・四の大地震が発生、大津波を起こし、その被害は西は紀伊半島の紀ノ川《きのかわ》流域から東は三浦半島・房総半島の広域に及んだ。この地震は、多くの日記・記録・年代記などに記録されている(11)。

近衛政家《このえまさいえ》は、『後法興院記《ごほうこういんき》』に鳴動の時分に「カラカサ」（唐傘）のような「光物」が飛び、余震が十月中旬まで及び、その被害が次のようなものであったと記している。

　伊勢・参河・駿河・伊豆大浪打二寄海辺一、二、三十町之民屋悉溺レ水、数千人没レ命、其外牛馬類
　　不レ知二其数一云々、前代未聞也、

また、「歴仁以来年代記《れきにんいらいねんだいき》」は、「此時伊勢国大湊悉滅却、其外三川・紀伊諸国之浦津、高塩充満而滅亡云々」と記している。「皇代記《こうだいき》」によると、伊勢国大湊《おおみなと》では八幡林の松の梢を大船が越えて長居郷《ながいごう》まで入りこむ程で、家一〇〇〇軒余、男女五〇〇〇余人が流出し、志摩国では荒嶋《あらしま》（安楽島、鳥羽の東）で二五〇人死亡、その他海辺の郷は一〇〇人、五〇人と死亡、中でも達志島《とうしじま》（答志島）・国府《こう》（的矢湾南）・相差《おうさ》（的矢湾入口北）・麻生浦《おうのうら》（鳥羽の東南）・小浜《おはま》（鳥羽の北海岸）などの被害が大きく、三河国片《かた》浜《はま》（渥美半島南岸、田原町）、遠江国柿基小川《おがわ》は、「一向人境亡」となったという。

伊勢国大湊では「高塩」によって家一〇〇〇軒と五〇〇〇人が流失し、その他、伊勢・志摩において、およそ一万人の流死者が出たという。志摩の国崎《くざき》（志摩半島の東突端）では、ほとんどの家・人が流失し、伊勢大神宮への「御贄《みにえ》」が納められなくなった（「内宮子良館記」）。大湊の西に接する大塩屋《おおしおや》では、塩田が壊滅し一八〇軒余が流失、残った家は大湊に移転したという（「太田文書」）。安濃津《あのつ》は、地震津波によって破壊され寒村と化した。大永六年（一五二六）に連歌師宗長《そうちょう》がここを通り過ぎた時、「此津十余年以来荒野となりて、四、五千軒の家、堂塔跡のみ」（「宗長手記」）と記され、残った住民は新安濃津に移転している（『津市史』）。遠江では、前坂《まいさか》（舞坂）と橋本《はしもと》の間が地震津波によって切断され

て一里余の渡し（今切）となり浜名湖が入り海となった（『続史愚抄』「東栄鑑」「遠江国風土記伝」など）。駿河国では、村松《むらまつ》の海長寺《かいちょうじ》が地震津波によって倒壊・流失した。師の日円《にちえん》は小川《こがわ》の末寺で法要を営《いとな》んでいたところ津波にあって流死し、弟子の日海《にちかい》は甲斐の身延山《みのぶさん》久遠寺《くおんじ》で修行中にこの地震にあい、久遠寺の堂舎の倒壊を眼前にして帰郷したところ、自分の寺も地震津波で全壊していたので、それを再建したという（「日海記」）。この村松の海長寺は、当時繁栄した入江荘《いりえのしょう》江尻湊《えじりみなと》（後の清水港）の西南岸にあり、このことから、江尻湊の地震津波の被災状況が推察されると思う。また同国志太郡《しだぐん》小川《こがわ》東浜（焼津市南部）の林叟院《りんそういん》はその寺地を北の高草山《たかくさやま》に移転した翌年に、旧寺地の地域がこの地震津波で水没し、多くの死者がでたという（『静岡県志田郡史』）。

その他、伊豆国八丈島《はちじょうじま》では、代官長戸路七郎左衛門《ながとろしちろうざえもん》が入部《にゅうぶ》の途中、新島《にいじま》「ナカクラ」にて地震津波に襲われ船と荷物を失い、その際に水夫一人が死亡しており、この津波は伊豆国の各地に被害を与えたという（「八丈島年代記」）。相模国鎌倉由比が浜では、地震津波が「千度檀」（若宮大路）にまで達し、その水勢は長谷《はせ》の大仏殿の堂舎屋を破壊し、二〇〇余人の溺死者を出したという（「鎌倉大日記」）。安房国では、安房郡《あわぐん》小湊《こみなと》の誕生寺《たんじょうじ》が地震津波によって水没し、妙ノ浦《たいのうら》（鯛ノ浦）の岡に移転した（「内浦村絵図面」）。

明応七年の大地震津波は、その強度、被害の状況において中世における最大規模のものと考えられ、近畿・東海・関東の太平洋岸各地に与えた被害は甚大なものがある。このことは地震研究者によって以前から注目されていたが、歴史研究者による本格的研究は、矢田俊文「明応七年紀州における地震津波と和田浦」(12)が唯一のものであろう。矢田は、当時の紀ノ川河口は大きく蛇行《だこう》して現在の土入川《どうにゅうがわ》筋《すじ》から和歌川《わかがわ》筋《すじ》・水軒川《すいけんがわ》筋《すじ》を経て、それぞれ和歌浦《わかうら》・雑賀崎《さいがざき》方面に南流していたのが、明応の地震津波によって海岸砂丘が突き破られ、紀伊水道に直角に西流するようになったと論じている。そして、土入川筋にある湊として繁栄していた和田浦《わだうら》・鶉ノ島《うずらのしま》地区が地震津波による破壊によって、現在の紀ノ川南岸の湊浦《みなとうら》に移転したことを、『紀伊続風土記《きいぞくふどき》』『紀伊国名所図会《きいのくにめいしょずえ》』などの町・寺社の移転伝承に基づいて立証している。地震津波は紀伊水道に侵入し、田倉崎《たくらざき》・淡路島のラインに阻止されて紀ノ川河口を直撃して甚大《じんだい》な被害を与えたと思われる。この紀ノ川河口の場合が、明応地震津波が史料に認められる西限である。

以上述べたように、明応七年の大地震津波は、西は紀ノ川河口から東は房総半島南岸に至るまでの各地で確認され、太平洋沿岸の広域にわたり甚大な被害を与えた。矢田氏の研究に学んで各地域の検討が要請されるが、同時にこの地震が当時活発に展開されていた太平洋側の水運に与えた破壊的影響について考える必要があると思う。「伊勢大湊悉滅却、其外三川（三河）・紀伊諸国之浦高塩充満滅亡（「暦仁以来年代記」）」と記されたように、伊勢・紀伊・三河の湊・津・浦、あるいは江尻や鎌倉の和賀《わか》江島《えじま》の破壊が行われ、港湾施設、船舶、問屋、梶取・水夫などの水運従事者に多大の損害を与えた。その点で、それ以前の水運の展開を以後に引き続いて認めることは困難であろう。十五世紀と十六世紀の断絶は甚大なもので、その克服は長い期間を要し、極言すれば近世に至るまで十五世紀の旧状への復帰は不可能であったと考えられる。

とはいえ、それは伊勢湾〜江戸湾交通が全く断絶してしまったことを意味しない。醍醐寺《だいごじ》の暁雅僧正《ぎょうがそうじょう》は、天正四年（一五七六）六月十二日に醍醐を出発して下総《しもうさ》行きの旅に出たが、伊勢から船に乗り途中の湊（江尻か）で一泊、船中二泊、稀に早く四日の船路で品川に着き、そこから栗橋《くりはし》の実相院《じっそういん》、水海《みずうみ》の昌福寺《しょうふくじ》、古河《こが》の円福寺《えんぷくじ》、山川《やまかわ》の結城寺《ゆうきじ》などを訪れている。この時、「先雖レ被レ趣二中山道一依二不通一、又自二伊勢一乗船、着二武州品川一云々（「暁雅僧正関東御下向四度之記」）と記し、当初は中山道《なかせんどう》で行こうとしたが、陸路が不通であったので、伊勢へ引き返し、海路を取ったという。このことから、陸路と海路が相互補完的になっていたことがわかる。またこの時期になると、太平洋水運のある程度の回復を認めることができると思う。

十五・十六世紀を境とする伊勢〜関東の太平洋水運の断絶状況は、大地震津波の被災を直接の契機にしながらも、伊勢大神宮権力の衰退、北条氏の伊豆制圧、鎌倉府体制の崩壊そして各地の戦国大名による領国・領海の確保と争覇などが絡《から》み合って進行していったと推定され、その様相が一変していくものと考えられる。

注

（1）峰岸純夫「封建時代の年号と天皇」（東京歴史科学研究会編『転換期の歴史学』合同出版、一九七九年）。

（2）新井房夫「関東地方北西部の縄文時代以降の示標テフラ層」（『考古学ジャーナル』一五七号、一九七九年）。
（3）能登健「古墳時代の火山災害―群馬県同道遺跡の発掘調査を中心として」（『第四紀研究』二七巻四号、一九八九年）、同「群馬県下における埋没田畠調査の現状と課題――火山災害史への考古学的アプローチ」（『群馬県史研究』一七号、一九八三年）。
（4）早田勉「6世紀における榛名火山の2回の噴火とその災害」（『第四紀研究』二七巻四号、一九八九年）、能登健「火山災害と人間生活」（『子持村誌』上、一九八七年）。
（5）峰岸純夫「浅間山の噴火と荘園の成立」（『中世の東国―地域と権力』東京大学出版会、一九八九年）、能登健・峰岸純夫編『浅間火山灰と中世の東国』（平凡社、一九八九年）。
（6）『（資料集）赤城山麓の歴史地震』（群馬県新里村教育委員会、一九九一年）。
（7）磯貝富士男「寛喜の飢饉と貞永式目の成立」（『歴史と地理』二七六号、一九七八年）、同「寛喜の飢饉と公武の人身売買政策」上・中・下（『東京学芸大学附属高等学校研究紀要』一七・一八・一九号、一九八〇・八一・八二年）。
（8）磯貝富士男「古代中世における雑穀の救荒的作付けについて――水田二毛作展開の歴史的前提として」（『東京学芸大学附属高等学校紀要』二六号、一九八九年）。
（9）磯貝富士男「パリア海退と日本中世社会」（『東京学芸大学附属高等学校紀要』二八号、一九九〇年）。
（10）佐藤進一『鎌倉幕府訴訟制度の研究』（新版）（岩波書店、一九九三年）、『鎌倉市史』総説編（吉川弘文館、一九五九年）。
（11）地震関係の史料については、文部省震災予防評議会編『大日本地震史料』第一巻（ガリ版印刷、鳴鳳社、一九四一年）、宇佐美龍夫編『新編日本地震被害総覧』（東京大学出版会、一九八七年）、『静岡県史』資料編7中世三（一九九四年）などに収載されている。

(12)『和歌山地方史研究』二一号、一九九一年。

〔追記〕その後、矢田俊文氏は「明応地震と港湾都市」(『日本史研究』四一二号、一九九六年)、「明応地震と太平洋海運」(『民衆史研究』五五号、一九九八年)を相次いで発表した。前者においては明応地震津波の被害を受けた伊勢湾の安濃津について詳細に分析し、津波の後に近隣の移転・再建をしたこと。後者においては、この地震津波によって被災した阿波由岐湊、駿河の小川湊などの港湾被害を検証し、また津波以前には安濃津の太平洋海運に占める地位が、伊勢大湊を凌駕するものであったことを主張している。

有光友学「戦国前期遠駿地方における水運」(『横浜国立大学人文紀要第一類』四二号、一九九六年)は、拙稿4節「中世東国水運史研究の現状と問題点」(峰岸純夫・村井章介編『中世東国の物流と都市』山川出版社、一九九五年)のこの部分を批判し、遠江・駿河地方の水運の状況を明応地震津波前後で綿密に検証して、その復興は急速で地震津波による水運への壊滅的打撃は考えられないとしている。しかし、従来研究の未開拓の分野を解明したすぐれた成果と思うが、有光氏の挙げられた事例は、半世紀ほど隔った天文・永禄期の戦国大名今川氏・北条氏などによる港湾支配とその周辺地域間の交流が主となっており、この論文の限りでは、私の見解を訂正する必要はないと思っている。

家永遵嗣氏は、「北条早雲の伊豆征服――明応地震津波との関係から――」(『伊豆の郷土研究』二四集、一九九九年)を発表し、明応地震津波の中での伊豆における堀越公方足利茶々丸方への攻撃を成功させたことを立証している。自然災害と戦乱の関連に鋭い切り込みをした論稿である。

なお、『静岡県史』(別編2自然災害誌、一九九六年)は、県の立地の特性とはいえ、地方自治体史がこのような巻をかなり力を入れて編さんしたことは、現在の状況からして新しい動向を示すものとして評価したいと思う。「親玄僧正日記」については、本論文作成の時点では、前記『大日本地震史料』(原題「醍醐寺日記」)によったが、その後『内乱史研究』一四・一五・一六号（一九九三・九四・九五年）に完全翻刻された。

二　自然環境と生産力からみた中世史の時期区分

1　自然環境と中世史研究

気象学者の山本武夫氏が著した『気候の語る日本の歴史』(1)が一九七六年に刊行されてからかなりな年月が経過した。この著書は、自然・人間・社会の関係を基軸として歴史を把握し、自然の変化が歴史の進化に対して果たした役割を重要視し、気候の長期変動と歴史事象の相関関係を解明しようとする立場から記述されている。その主な内容は次の通りである。①宮中観桜記録《きゅうちゅうかんおうきろく》による桜の開花時期を、平安時代（八一二〜九八五年）と室町末・戦国時代（一四七七〜一五三二年、『実隆公記』）とを比較して、平均七日（年平均気温二度）の差を算出し、前者に比較して後者の気候条件の著しい悪化を指摘している。②アメリカ・コロンビア大学のW・フェアブリッジ氏が提唱した海水準曲線（地球の温度差にもとづく海進と海退）をもとに、十二世紀の奥州平泉《ひらいずみ》の繁栄（ロットネスト海進期）と寛正の飢饉を中心とする十五世紀の飢饉（パリア海退期）などの歴史事象を位置づけている。③山口県佐波川《さばがわ》の鎌倉初期の流木、鹿児島県屋久島《やくしま》の屋久杉などの年輪の成長度のデータをもとに歴史事象の分析を行っている。以上のように、桜の開花、海水面の上下、年輪の幅の三者を過去の温度計にして古気候の復元を行い自然災害との関連を考察しているのである。

この山本氏の研究は、日本中世史研究者に一定の影響を与えた。私は、一九七七年に『世界陶磁全集』三巻（日本中世）の解説「中世とはどういう時代か」(2)（本書I―四）の中世後期を担当した（前期は戸田芳実氏）。このなかで、a中央政治権力が不安定で社会の秩序が乱れ、戦乱と飢饉《ききん》の連続した「暗黒の時代」という戦前研究の評価と、b農工業における生産力の発展、交易活動の活発化などの経済的発展が著しく、都市や農村における民衆の台頭と自治の形成が行われ、生活と権利擁護の民衆の闘争が展開し、今日に伝わる民族文化が形成された「豊かな発展の時代」とする、主として戦後研究が明らかにしてきた評価、この二つの一見相反《いっけんあいはん》する歴史像をどう統一的に理解したらよいかと問題を提起した。この十五～六世紀が山本氏の研究によれば、小氷期に当たり異常気候による農業生産の低下、飢饉の頻発の時代という見解を、凶作・飢饉略年表を作成して跡づけるとともに、二毛作の展開、用水開発とその運営の高度化、村落共同体（惣）への結集と対領主闘争の展開などは、自然条件の悪化への対応とその克服の営みであるとし、これによって農民経営解体の危機を回避しようとしたものであると結論づけた。生産力の構成要素である生産技術の発展はみられても、これは生産量の増大とは必ずしも結びつかない状況にあったこと、そして、領主間の権力闘争の激化（戦国争乱へ）の基礎的要因に自然災害の頻発《ひんぱつ》による収取物の減少があったと指摘した。しかし、論証ぬきの素描《そびょう》にとどまり、具体的な中世の自然災害史研究は、その後に持ち越された。

山本氏以前に、歴史における気候変動を問題にした論考には、西岡秀雄『寒暖の歴史——日本気候七百年週期説——』(3)がある。歴史考古学と地理学の学際的領域において研究に携わってきた西岡氏は、アメリカ・エール大学E・ハンチントン氏の気候変動説に学び、木曽御料林の檜《ひのき》の年輪、諏訪湖の結氷記録、桜の開花時期などの検討から気候変動七〇〇年周期説を提唱した。建武四年（一三三七）一月、比叡山から越前に下って行く新田義貞《にったよしさだ》軍が木ノ芽峠《きのめとうげ》越えで多数の凍死者を出した事件は、この年の檜の年輪成長曲線が最低を記録し酷寒の年の冬に当たると記述している。これは、佐藤進一『南北朝の動乱』に引用され注目されたが、西岡氏の研究自体は中世史研究者によって取り上げられたことはなく、山本氏も先行文献に挙げていない。

山本氏の研究に示唆を受けて、本格的に研究を開始したのは磯貝富士男氏で、一九七七年以来、次々に以下の論文を発表していった。

①「百姓身分の特質と奴隷への転落をめぐって(4)」

②「寛喜の飢饉と貞永式目の成立(5)」

③「寛喜の飢饉と公武の人身売買政策(6)」

④「十三・四世紀紀伊国紀の川沿岸地域の田麦史料について(7)」

⑤「十三・四世紀紀の川沿岸地域における水田二毛作化率の発展」(8)
「鎌倉末・南北朝期水田二毛作展開状況下の農業生産力について――紀伊国紀の川沿岸地域を素材にして――」(9)
⑥「古代中世における雑穀の救荒的作付けについて――水田二毛作展開の歴史的前提として――」(10)
⑦「中世百姓の債務転落をめぐる在地秩序――鎌倉中後期安芸国国衙領周辺地域を素材に――」(11)
⑧「パリア海退と日本中世社会」(12)
⑨「文永元年田麦課税禁止令の背景」(13)
⑩「日本中世社会と奴隷制」(14)
⑪「日本中世史研究と気候変動論」(15)

以上の諸論考に見られる磯貝氏の主張の要点は次のようなものである。鎌倉中後期以降の中世社会は、気候の冷涼化にともない凶作・飢饉が頻発し、年貢・公事《くじ》が払えず、経営を維持できなくなった農民の奴隷（＝下人）転落が広範にみられる。「田麦《でんばく》」（水田二毛作）や雑穀の栽培は、自然災害に対する緊急避難的性格が強く、幕府などの田麦課税禁止令は、飢饉時の食料を麦に頼る農民の生活を保証する手段である。中世を通じて進行する気候の寒冷化を示すパリア海退現象を、各地の中世低地遺跡で立証し、元弘三年（一三三三）新田義貞の稲村ケ崎突破もその例証にしている。また、⑩は、気候変動論を全面展開し、甲斐国富士山北麓《ふじさんほくろく》に成立した「妙法寺記《みょうほうじき》」（＝勝山記」ともいう）の詳細な分析からここに記載された凶作・飢饉の原因は、基本的には冷害によるものと結論づけている。

この磯貝説は、自然環境の悪化が社会構造に与えるインパクトを重視し、飢饉の際に生命維持の必要性からの下人(奴隷)化が広範に行われ、人身売買も禁制が撤廃されて野放《のばな》しとなり、下人(奴隷)を抱摂する社会(磯貝氏は奴隷制社会とする)が実現するというものである。貞永式目《じょうえいしきもく》の成立も、寛喜の飢饉の沈静化の後、頻発した下人(奴隷)をめぐる人身相論への対応として行われた法整備であるという。従来、中世における生産力発展の指標とされた水田二毛作の展開も、異常気候による水田稲作の放棄という状況下で積極的に行われたことを立証している。

以上のような自然環境の作用を歴史研究のなかに積極的に取り込もうとした研究は、必ずしも中世史研究者に広く受容されることにはならないばかりか、むしろ拒絶的な処遇をうけたように思われる。その点では、磯貝氏の研究は孤立し屹立《きつりつ》していた。その理由は、磯貝説が中世史研究者のなかでは支持の薄い中世奴隷制社会説に収斂《しゅうれん》していることもあったと思われるが、それよりも戦後歴史学が社会の絶えざる発展に目を向け、そのなかで民衆の成長とその歴史的役割を評価していくというところに研究の重点が置かれ(それ自体としては必ずしも誤りとは言えないが)、それに加えて一九六〇年代後半からの日本社会の高度経済成長は、人間の自然に対する働きかけとその無限の可能性に全幅の信頼を置く社会意識が醸《かも》し出され、これに歴史研究者も無縁ではあり得なかったことによると思われる。結果的に、自然の人間に対する影響力の認識は、軽視ないし無視されることになり、発展と表裏の関係にある停滞や退歩に目が向けられなかったことによると思われる。

この研究は、「自然決定論」ですね、という言葉はよく聞かれ、これは何時の場合にも決して褒《ほ》め言葉ではなかった（むしろ褒め殺しか）。これと同様な言葉に「二元論」というものがあり、本質は一つという大義名分のもとに、相反する二つの事物の一方、あるいは一つでは解けない相並ぶ他の事項が切り落とされて立論されてしまう。必ずしも弁証法的でないこの「二元論」批判も、「自然決定論」批判と同根の感がする。人間↓自然、自然↓人間の相互作用、相互関連を十分考慮する必要があったのである。

しかし、一九八〇〜九〇年代になると状況は変化してきた。高度経済成長に基づく公害問題が発生し、急激な開発による自然破壊が社会問題化してきた。地球的規模での自然環境の保全が人類の死活の問題として重要視されるようになってきた。近年では、火山爆発、巨大地震の連続などから自然の人間に対するインパクトを重視する考え方が人びとの心を強くとらえるようになり、自然を重視する研究に対し「自然決定論」と軽蔑することはさすがになくなった。

まったく立証は不可能だが、資源・人口問題、科学技術の発達などの観点から二十〜二十一世紀の今日の時点は地球と人類の歴史の折り返し点に立っているように思う。今までの歴史は人間が自然に働きかけ絶えざる開発を推進してきた。それが、一つの限界に達し地球と人類の保全、すなわちメンテナンスの時代に入ってきたと思う。それ故《ゆえ》、歴史学もその課題の一端を担《にな》うとすれば、過去の自然と人間のかかわりの歴史のなかから、社会の発展のなかで切り落とされ、失ってきたものに光を当て、人間がどのような生命維持（生き残り）の知恵を発揮してきたかを探りだすことが課題の一つになると思う。この点で、歴史学は今までとは変わらざるを得ないであろう。

2　自然環境と生産力からみた中世史の時期区分

一九八一年に「中世の変革期と一揆」（『一揆』五巻）(16)を書いた時、社会構成体と諸闘争と題して次のような関連図を作成した。ここでは、社会構成体に及ぼす国際的環境および自然的環境の影響力を重要視し、合わせて闘争を階級闘争、権力闘争、イデオロギー闘争、共同体間闘争、共同体内闘争、生産闘争と多面的・併列的に把握し、闘争を階級闘争に一元化したり、あるいはその影にしてしまわないでそれぞれの意味を考え、歴史における階級闘争の限定ないし相対化を意図したのである。誤解を避けるために付け加えると、もちろん階級闘争の意義と役割を無視ないし軽視しようとするものではないが、それを実態以上に過大評価し他をないがしろにすると、人間の全面的営みを一面化し、トータルな歴史像形成の妨《さまた》げになると考えたからである。階級社会形成以後の人間の歴史は、階級闘争の歴史であるというテーゼは、ある一面を言い当てているものである。中世の村落（農民）が、もっとも多くのエネルギーを費やしてたたかったのは、必ずしも領主との階級闘争ではなく、自然災害

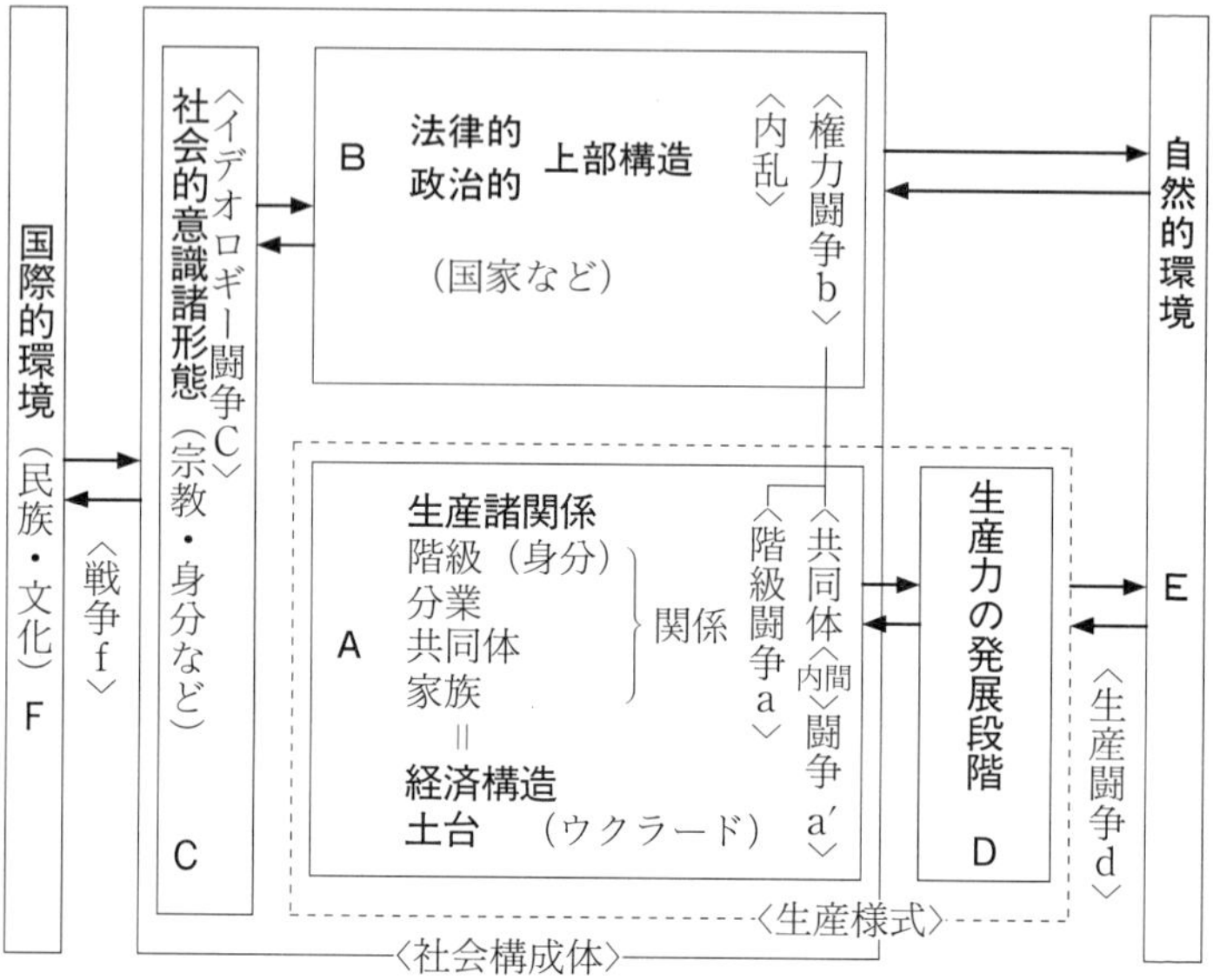

図３　社会構成体と諸闘争

（冷・旱・風・水・虫害など）への対応、近隣村落との水論・山論・境論、そして戦乱のなかで侵攻してくる軍隊からいかに身を守るかということであった。このような闘争（営み）は、生産闘争、共同体間闘争、そして生命維持闘争ともいうべきものであろう。これらの諸闘争にも階級闘争とならぶ意義づけを与えることがぜひ必要であろう。

　人間は自然に働きかけ、その一部を開発・改変して生産力の発展を実現してきた。しかし、その過程は一進一退であり（前近代社会ではなおのこと）、自然環境の変化、自然災害の発生などによって生産力の発展段階（生産量と生産技術、人口などで表現される）が著しい後退を強いられることはしばしばであった。歴史における発展と停滞・退歩は表裏の関係にあり、後者にも目を背けず正確な評価を与えねばならない。一般的に研究者は、自己の研究対象の時代を発展の時代と認識したいとする傾向があり、その時代の停滞と退歩には目をつぶりがちである。その結果、ある研究者は中世初期（平安後期）、ある研究者は南北朝期、ある研究者は室町・戦国期を発展期と把握し、その結果は近世との著しいギャップを生じさせることになり兼ねないのである。

以上のことを前提において、中世の自然環境と時期区分の問題を考えてみよう。歴史研究における手続きとして、a階級（身分）区分、b時代・時期区分、c地域区分の三大区分が考えられる。aは、政治的・経済的・法的地位による人間の区分である。bは、時間の流れをそれぞれの時代・時期の特色のまとまりにおいて区分することである。cは、研究の方法として、地理的・水平的に土地をそれぞれの特質において区分し、それぞれの地域の変化・発展、相互間の交流を考察する。

このb時代・時期区分は、日本列島の全体史のなかに中世の歴史展開をどのように位置づけるか、またそのなかをどのような特質に基づいて時期区分したらよいかという問題である。この特質とは、本稿の場合は人間をとりまく自然環境、そのバランスが失われた結果生ずるところの自然災害が個人と社会にどのような影響を与えるか、それに対して人びとは受動的にせよ能動的にせよ、どのように対応したかという相互関連のなかで生ずるものとする。それを確定するためのデータ、すなわち中世の古環境の復元はたいへん心許《こころもと》ない状況で、今後ともさらに資料の集積が必要な段階にあり、その多くを関係諸科学の学際的協力に仰がなければならない。また、歴史研究者の側の自然災害史研究の立ち遅れも著しく、この克服も急務であるが、このような現状のなかでひとまず少ないデータからあえて試論を提出する次第である。

自然災害のなかには、火山爆発、地震などの地殻構造変化に基づくものもあるが、これらは一般に局地的であるのでこの際は捨象して、もっとも広範な人びとの生業・生活に決定的な打撃を与える飢饉を取り上げる。日本前近代社会、そのなかの中世社会は基本的に農業社会であったから、(17)時として気象現象に起因する冷害・旱害《かんがい》・風水害・病虫害などによって不作・凶作がもたらされ、それが飢饉を引き起こし、大量の餓死者《がししゃ》や流亡民《りゅうぼうみん》を発生させ、また食糧不足から抵抗力の弱った人びとのうえに伝染病が襲いかかる。

この凶作・飢饉をひきおこす気象条件は、稲の成育期の冷害・旱害、穂ばらみ期の風水害、麦には暖冬異変などである。米の収穫を失った農民は命綱である麦が壊滅《かいめつ》したときにまさに絶望の淵《ふち》に立たされる。このようにして起る中世の飢饉の研究については、前述の磯貝氏の寛喜の飢饉の研究や同じく西尾和美「飢疫の死者を数えるということ――中世京都を中心として――」(18)、田村憲美「死亡の季節性からみた中世社会」(19)以外に本格的研究がないのは問題である。飢饉の発生については気象条件が複雑にからみあい、一義的ではないがその多くの場合冷害によることが多く、気温の低下が問題となる。

長期的な気温の変動を示す依拠しうる示標として、A年輪成長線、B海水面の上下をしめす海水準曲線《かいすいじゅんきょくせん》（フェアブリッジ曲線）、C泥炭層《でいたんそう》中の花粉分析などがある。Aは、樹木の年輪が高温・多湿の場合に成長幅が大きく、低温・乾燥の場合に成長幅が小さいので、一応温度変化の指標とされている。乾湿や樹木個体の立地環境、その成育歴の変化などにも左右され、単純に気温変化を示すとは言えない面もあるが、一応の目安になると思う。本稿では、木曽檜の年輪をグラフ化した『長野県立博物館常設展示図録』(20)を用いた。Bは、地球環境が寒冷化すると極地を中心に氷結が進行して海水面が低下し、温暖化すると氷が解けて海水面が上昇する、このような海退と海進の変化を気温変化の指標とするのである。これも海岸の隆起との関係やサンプル地の年代判定の誤差などの問題点もあるがAに比較して信頼度はより高い。本稿では、W・フェアブリッジ氏作成のもの（いわゆるフェアブリッジ曲線）を前掲山本氏の著書から引用した(21)。Cは、阪口豊氏が群馬・福島両県にまたがる尾瀬ケ原《おぜがはら》湿原《しつげん》の泥炭《でいたん》層を柱状に採取し、二センチメートル（三三・八年分）ごとに輪切りにしたなかでの全体花粉中のハイマツ（一部ヒメコマツ）の花粉・胞子《ほうし》の割合をグラフにしたものである。ハイマツは、寒冷地に適した樹木（潅木）なので、湿原を囲む山々の植生《しょくせい》の変化から温度変化を読み取ろうとするものである(22)。ここに、A・B・C三者を十一世紀から十七世紀前半までを同じ時間軸のなかに表示し（他はカット）、下欄に主な中世の飢饉記録を記入した。

AとB二つのグラフは十四世紀以前はほぼ照応するが、それ以後ではずれを示している。すなわち

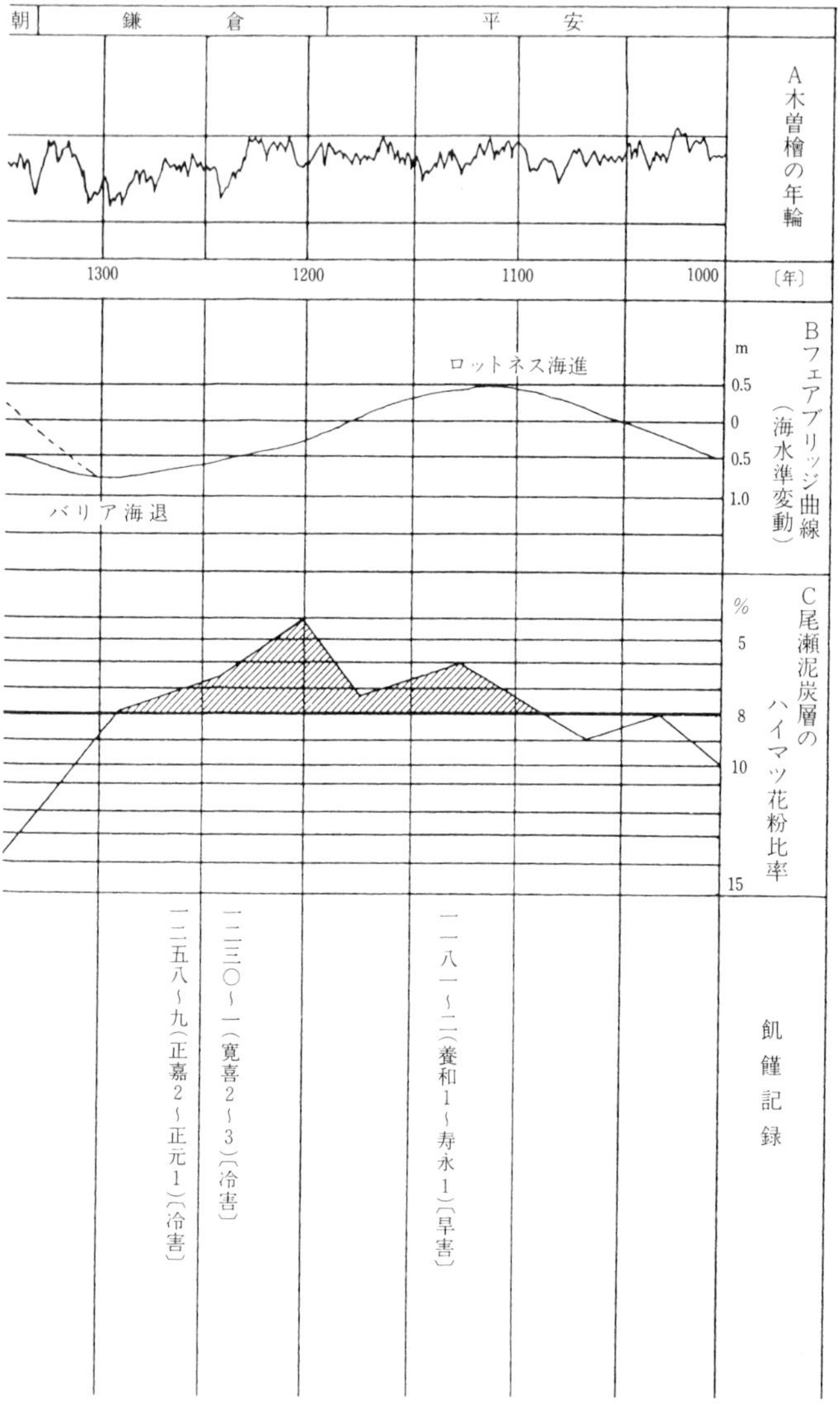
朝
鎌　倉
平　安
A木曽檜の年輪
1300
1200
1100
1000
〔年〕
B フェアブリッジ曲線（海水準変動）
m
ロットネス海進
0.5
0
0.5
1.0
バリア海退
C尾瀬泥炭層のハイマツ花粉比率
%
5
8
10
15
飢饉記録
一二五八〜九（正嘉2〜正元1）（冷害）
一二三〇〜一（寛喜2〜3）（冷害）
一一八一〜二（養和1〜寿永1）（旱害）

図4　温度変化の指標と飢饉記録

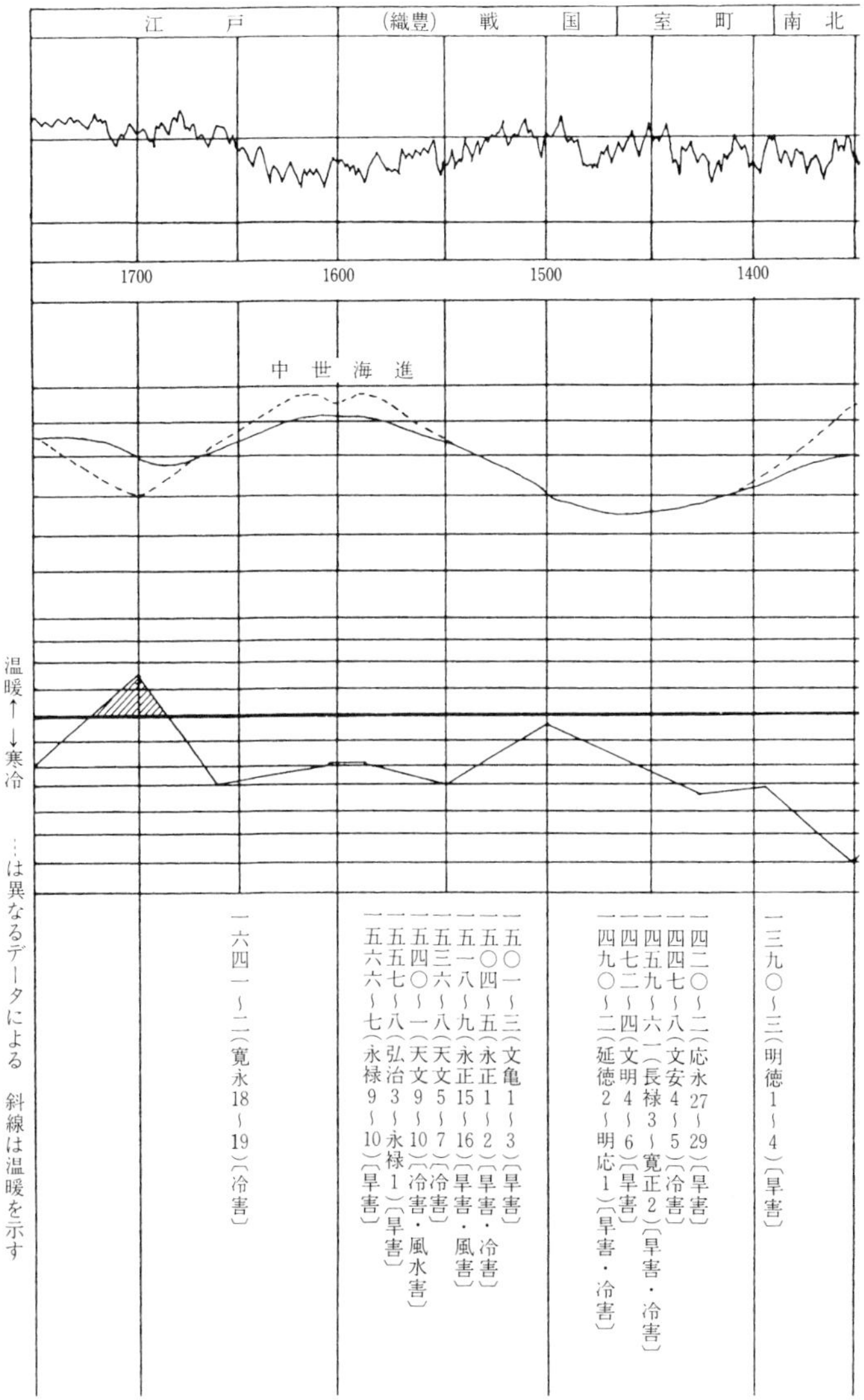
江　戸
(織豊)　戦　国
室　町
南　北
1700
1600
1500
1400
中世海進
温暖↑↓寒冷
…は異なるデータによる　斜線は温暖を示す
一三九〇〜三（明徳1〜4）〔旱害〕
一四二〇〜二（応永27〜29）〔旱害〕
一四四七〜八（文安4〜5）〔冷害〕
一四五九〜六一（長禄3〜寛正2）〔旱害・冷害〕
一四七二〜四（文明4〜6）〔旱害〕
一四九〇〜二（延徳2〜明応1）〔旱害・冷害〕
一五〇一〜三（文亀1〜3）〔旱害〕
一五〇四〜五（永正1〜2）〔旱害・冷害〕
一五一八〜九（永正15〜16）〔旱害・風害〕
一五三六〜八（天文5〜7）〔冷害〕
一五四〇〜一（天文9〜10）〔冷害・風水害〕
一五五七〜八（弘治3〜永禄1）〔旱害〕
一五六六〜七（永禄9〜10）〔旱害〕
一六四一〜二（寛永18〜19）〔冷害〕

Bフェアブリッジ曲線の落ち込みが十五世紀後半にあるのに対し、A年輪成長線は十六・十七世紀の境界辺にある。このことは、温度変化だけでない年輪成長線の要件を考えざるを得ない。BとCでは、かなり異なっているが、磯貝氏の指摘するとおり、波形は全く相似している。すなわちCを一世紀引き上げる（右にずらす）と全く一致することになる。Bの絶対年代比定が正確とすれば、Cの年代比定に一世紀の誤差があることになる（逆もありうる）。下記の飢饉記録との関係ではBの方により信頼性が認められる。

Bフェアブリッジ曲線をメインに考えた場合、中世の気温変化は十二世紀前半の温暖時期（これはロットネス海進と称される）から、十二世紀後半以降急速に下落し、十六世紀前半で回復する長期の寒冷期となる。これはパリア海退と称される小氷期にあたる。そのなかで、十四世紀中葉に一定の回復期（小氷期の中断）がある。これを飢饉記録と対照させた場合、十三世紀の寛喜・正嘉の二大飢饉を中心に、同一元号が平均三年に満たない自然条件悪化と生産低迷の鎌倉中後期を迎える。十四世紀は南北朝内乱という政治上では混乱の時期にもかかわらず、むしろ自然条件と生産の安定的小康状態となる。十五世紀中葉から十六世紀後半にかけては、急激に自然・生産条件が悪化し、冷害・旱害とその原因は必ずしも一様でないが、飢饉の連続する中世でもっとも厳しい冬の時代となってしまう。

このように見てくると、中世は自然環境と生産力の視点から時期区分すると次のようになると思う。

①中世初期（十一世紀後半〜十二世紀）　温暖の時期、稲作の北上、大開墾の時代、荘園公領制の成立。

②中世前期（十三世紀）　寒冷化の時期、飢饉・凶作の頻発。
③中世中期（十四世紀〜十五世紀前半）　一定の温暖化、生産条件の一定の回復。
④中世後期（十五世紀後半〜十六世紀）　寒冷化の時期、生産条件の悪化、飢饉の頻発。荘園公領制の解体。

この中世後期は、劣悪の自然条件のなかで、生活と生産を防衛しようとする人びとの努力が村落共同体に依拠《いきょ》して行われた。すなわち、畠作や二毛作による麦などの雑穀の栽培、灌漑水利《かんがいすいり》の改善、施肥の改良などの技術的発展が著しかったにもかかわらず、自然の悪条件に規定されて生産を増大することは不可能であり、現状を極端に悪化させないで、生命を維持するのが精一杯であったと思われる。この農業技術の発展が満面開花するのは、自然条件が好転する十七世紀以降の江戸時代になってからである。

このような生産条件の悪化ということが、食料と領土を求めて諸勢力の相争う戦国動乱を引き起こし、侵攻してくる軍隊の略奪にも村落は対応せざるを得なくなった(23)。この点で、村落は劣悪《れつあく》な自然条件と軍隊の略奪の両面に対応を迫られ、そのなかで近代にまで継続される村落の集村化が実現していく。農村からの大量の飢民《きみん》は都市に流入していったが、当時の都市はそれらをある程度受け入れることのできる商工業の展開や寺社などの「施行《せぎょう》」という名の救済事業の場であった。しかし、この点は農業生産の発達→剰余の発生→都市の成立という図式では説明できない、難民によってふくれ上るアジア的都市の問題があると思うが、他日を期したいと思う。また、②の中世前期に成立した浄土真宗・日蓮宗などが、④の中世後期に飛躍的に発展をみるということは、死後の救済の問題と関係し、自然環境の悪化問題と深くかかわりを持つと思われるが、この点についても今後の検討課題としたい。

中世後期（十五世紀後半〜十六世紀）の寒冷化による生産条件の悪化、凶作・飢饉の頻発、そしてそれに起因する全国規模の戦乱の発生、そのもとでの村落農民の生産・生活・生命を守る闘争（努力）などが相まって、中世初期（十一〜十二世紀）に成立した各地の剰余生産物を都市の権門が収奪するシステム、荘園公領制が解体していくのである。

注

（1）そしえて（そしえて文庫）、一九七六年。
（2）小学館、一九七七年。
（3）好学社、一九四九年に初版。
（4）『歴史学研究』一九七七年大会特集別冊。
（5）『歴史と地理』二七六号、山川出版社、一九七八年。
（6）上・中・下『東京学芸大学附属高等学校研究紀要』一七・一八・一九集、一九八〇・八一・八二年。
（7）『東京学芸大学附属高等学校研究紀要』二三集、一九八六年。
（8）『東京学芸大学附属高等学校研究紀要』二四集、一九八七年。
（9）『東京学芸大学附属高等学校研究紀要』二五集、一九八八年。
（10）『東京学芸大学附属高等学校研究紀要』二六集、一九八九年。

(11) 津田秀夫編『近世国家と明治維新』三省堂、一九八九年。
(12)『東京学芸大学附属高等学校研究紀要』二八集、一九九〇年。
(13)『東京学芸大学附属高等学校研究紀要』三一集、一九九四年。
(14)『歴史学研究』六六四号、一九九四年大会特集。
(15)『日本史研究』三八八号（特集・数量・統計を考える）、一九九四年。
(16) 東京大学出版会、一九八一年。
(17) 近年網野善彦氏は、『日本社会再考——海民と列島文化——』（小学館、一九九四年）、『悪党と海賊——日本中世の社会と政治——』（法政大学出版会、一九九五年）その他多くの著書において、農民以外の「非農業民」に着目し、「百姓」はすべて農民ではないということを述べ、中世社会があたかも農業社会ではないかのような主張をされている。しかし、子細に検討してみると山村でも漁村でも（あるいは都市ないし市・町などの都市的な場でさえも）、その住民が農業と分かち難い生業形態を採っていることが判明する。かれらは、「容農業民」であっても「非農業民」ではないのである。「百姓」の多くも多様な生業を営んでいる農民であろう。中世社会が基本的に農業社会でないとすると、日本列島の人びとの食料の自給はどうなっていたのであろうか、心配である。
(18)『日本史研究』（特集　数量・統計を考える）三八八号、一九九四年。このなかで、西尾氏は諸記録にみられる寛正の飢饉の死亡者の数がかなり確かなものであることを立証している。
(19)『日本中世村落形成史の研究』所収（校倉書房、一九九四年）。「本土寺過去帳」などの分析から、死亡の季節（春〜初夏）のピークを確認し、中世の飢饉状況をえぐっている。
(20)『長野県立歴史館常設展示図録』、一九九四年。
(21) 前掲注(1)。
(22) 阪口豊「日本の先史・歴史時代の気候——尾瀬ケ原に過去七六〇〇年の歴史を探る——」『自然』四六〇号、

中央公論社、一九八四年。

（23）　藤木久志『雑兵たちの戦場』朝日新聞社、一九九五年。

〔追記〕　自然環境に対する近年の歴史研究者の関心は増大している。民衆史研究会は、一九九五年に五五号特集「環境史への視座」を組み（二三頁追記の矢田俊文論文など）、二〇〇〇年十一月には大会シンポジューム「環境史の可能性」を開催し、飯沼賢司「環境歴史学序説――荘園の開発と自然環境――」、水野章二「人と自然の関係史素描――平安末～近世初の還琵琶湖地域から――」の二報告が行われた。また高木徳郎「中世における山林資源と地域環境」（『歴史学研究』七三九号、二〇〇〇年）の注目すべき論文も発表された。

さらに、佐々木潤之介（代表）『日本中後期・近世初期における飢饉と戦争の研究』（科学研究費研究成果報告、二〇〇〇年）が発表された。この中の大半を占める藤木久志「日本中世における風損・水損・虫損・旱魃・飢饉・疫病に関する情報」は、自然災害史年表として空前の情報量を持つものとして利用価値が高い。

〔追記―その2―〕　藤木氏の成果は、年表にグレゴリオ暦の日時を追加するなどして、『日本中世気象災害史年表稿』（高志書院、二〇〇七年）として刊行された。また、水越允治『古記録による16世紀の天候記録』（東京堂出版、二〇〇四年）に引き続いて、『15世紀』（二〇〇六年）、『14世紀』（二〇〇八年）、『13世紀』（二〇一〇年）が刊行され、現在『12世紀』が編さん中と聞いている。

三　浅間山の爆発と荘園の形成

1　天仁元年浅間山の爆発

上州とうどん

真山青果《まやませいか》の戯曲『慶喜江戸を去る』のなかに、将軍徳川慶喜《とくがわよしのぶ》に拝謁しようとする山岡鉄舟《やまおかてつしゅう》が、それを阻止《そし》しようとする新徴組《しんちょうぐみ》で上州出身の清川八郎《きよかわはちろう》に対して、「この上州のうどん野郎」と言って面《めん》罵《ば》する場面がある。上州《じょうしゅう》というとうどんが連想されるくらい、上州とうどんは切っても切れない関係にある。三度に一度はうどんを食し、祝儀・不祝儀の際にうどんが供されることが多い土地柄である。畠作ないし乾田裏作に小麦を栽培し、この小麦粉でうどんを作る。うどんが常食化していたのである。このようにうどんが好まれるのは江戸時代や近代以降にとどまらず、戦国時代の新田荘《にったのしょう》世良《せら》田長楽寺《だちょうらくじ》の住持義哲西堂《ぎてつせいどう》が永禄八年（一五六五）に記録した『長楽寺永禄日記《ちょうらくじえいろくにっき》』のなかにも寺の食事にしばしばうどんが登場する。

畠作地帯の小麦栽培という農業事情がいつごろ成立するのか、これは上州（群馬県）の火山灰地帯という土質に起因し、それは浅間山《あさまやま》の完新世噴火のうちで最大の天仁元年（一一〇八）の噴火にさかのぼるのではないかと考えられる。それは、この火山灰（浅間Bテフラ）で埋没した水田がしばしば発掘調査され、今日に至るまで水田としての再開発ができなかった広範な畠地が存在するようになったことを物語っているからである。

浅間山の噴火

天仁元年陰暦七月二十一日、正確に言えば、八月三日に改元となり天仁元年となったのであるから、旧年号の嘉承三年ということになる。この日、信濃《しなの》・上野《こうずけ》の国境にある浅間山は大爆発した。中御門《なかみかど》宗忠《むねただ》の日記『中右記《ちゅうゆうき》』同年九月五日条は次のように記している。当時の情報伝達の状況では、地方の事件が中央に届くにはかなりの日数を要するが、それにしても一月半とはあまりにも遅いのに驚く。おそらく上野国からの報告が遅れ、中央政府の対応もこれまた緩慢《かんまん》であったと考えられる。

左中弁長忠陣頭において談じて云わく、近日上野国司解状を進《まい》らせて云わく、国中に高山有り麻間峯と称す。而して治暦の間より峯中畑煙出て来り、その後微々なり。今月七月廿一日猛火山嶺を焼き、その煙天に属し沙礫国に満つ。煨燼庭に積もり、国内田畠これに依ってすでに以て滅亡す。一国の災い、いまだかくの如き事あらず。稀有《けう》の怪によって、記し置くところなり。

左中弁藤原長忠は、朝廷の陣座《じんのざ》（陣儀、今日の閣議）の席で、上野国よりの解状《げじょう》（上申書）を披露している。それによると、治暦年中（十一世紀六〇年代後半）から細煙をあげていた浅間山が、七月二十一日より大爆発をおこし、猛火は山嶺を焼きその噴煙は天にとどかんばかりで、砂礫《されき》・煨燼《わいじん》（火山噴出物、火山学では浅間Bテフラという）が国中に降り注ぎ、国庁の庭にも積もり、国内の田畠はすべて壊滅し、一国の災害でいまだこのようなものはないというものであった。

この解状には「上野国司解し申し言上す、上野国麻間峯焼落ちの事、……言上くだんの如し。謹んで解す」といった文言の上野国解状を引用したのであろう。そして、権中納言としてその場に列席していた中御門宗忠は「希有の怪」（稀にみる奇怪な事件）として自己の日記に記録することによって、今日われわれはこの爆発の実年代を知ることができるのである。

この報告をうけた中央政府はどのような対応をしたであろうか。今日ならば被災地に救援隊を派遣し、被害の状況を調べて災害救助法を適用するなどして、医薬品や物資を即刻に送り届けるであろう。しかし、当時の政府はこの災害が国家にとって吉か凶かを占《うらな》わせたのである。『中右記』同年九月五日条に次のように記されている。

今日午時許り、軒廊御卜あり。上卿源大納言俊、上野国言上麻間峯の事、

軒廊御卜《こんろうのみうら》というのは、陣座の西に接し、紫宸殿《ししんでん》と宜陽殿《ぎようでん》を結ぶ渡廊である軒廊の場所で行われる国家的な占い（吉凶判断）である。通常は陣座がある日に関連して行われることが多く、公卿の一人

が執行責任者（「上卿」）となり、陰陽博士《おんみようはかせ》を招いて時日や方角などをもとに占わせるのである。この時は大納言　源《みなもとの》　俊実《としざね》が「上卿《しようけい》」となった。この御卜の対象になるのは「怪異」ということで、彗星の出現や自然災害、あるいは人為的な災害や伊勢・賀茂社《かもしや》などにおける人畜の死の穢《けが》れなどその対象となる。ここで王朝国家の凶兆となりうる「怪異」と認定された場合には、改元などの方法でその凶事を予防することとなっていた。この浅間山爆発の場合は改元には至らなかったが、軒廊御卜の対象となった点で政府によって注目されたことは事実であろう。

天仁元年の浅間山爆発を記録したものには、これ以外に『立川寺年代記《りゆうせんじ》』があり、「天仁元年戊子……この年信州浅間峰震動」とある。この記録は室町時代の越中立山《たてやま》（立川寺は立山寺と同じ）の西北麓上市町《かみいちまち》の立山寺で成立したもので、どのような史料に基づいて記録されたのかは不明であるが、天仁元年の浅間山爆発はなんらかの伝承として伝えられたものと考えられる。

天仁の爆発から四年後の「東国鳴動事件」は、人々にこの生々しい記憶をよびおこさせた。『中右記』天永三年（一一一二）十月二十四日から十一月二十七日条は次のように記している。

十月二十日に京都で地響きの鳴動音が聞こえ人々は不安に駆《か》られ、政府関係者は情報収集を行った。朝廷の公家たちはこれをまた国家の吉凶判断とするためである。下層の人が言うには、富士と浅間の大爆発があったときにはその震動が天下に響いたとのことである。さらに情報を集めると尾張国より東で鳴動がおこったというので駿河・信濃などに情報を求めたが、富士・浅間の爆発はなく、結局伊豆の海上火山の爆発であることが判明したというのである。

ここで注目されるのは、この鳴動が、永保三年（一〇八三）三月二十八日の富士山、天仁元年（一一〇八）七月二十一日の浅間山、すなわち、天永三年（一一一二）より二九年前と四年前の二つの大爆発がまず想起されたということである。この点で富士山とならべて天仁元年の浅間山爆発は大きなものであったことが裏付けられる。

浅間Bテフラ

浅間山は、A天明三年（一七八三）、B天仁元年（一一〇八）、C四世紀前半、D縄文時代中期と四度の大爆発をし、その火山噴出物（火山灰、テフラ）は、浅間A〜Dの符号をつけて調査研究されている。とりわけこのBは歴史上最大規模のもので、灰白色の火山灰層は今日に至るも地表下に堆積されている（図5参照）。

近年の発掘調査の所見によると、この火山噴出物（軽石・Bテフラ）は浅間山から東の方向に軸をとって堆積し、上野中央部や下野南西部、下総東北部の地域に広がっている。現在堆積しているテフラの等層厚線は、高崎《たかさき》・前橋《まえばし》・伊勢崎《いせさき》といった群馬県の中央部で二〇〜一〇センチに及ぶ。当時は、この三倍もの厚さで堆積したと推定され、この地域の田畠や用水路は埋没した。またこの噴火の七月二十一日が、太陽暦（グレゴリオ暦）で換算すると九月五日の稲の開花期にあたり、この年の収穫は北関

図5　浅間山Bテフラ等層厚線と上野・下野・武蔵の荘園（新井房夫「関東地方北西部の縄文時代以降の示標テフラ層」（『考古学ジャーナル』157号、1979年）を補訂。

東一帯で皆無になったと推定される。この災害によって、上野国の荒廃状況は極限に達したのである。広範な荒地が一挙に出現し、その復旧には長期間を要するようになった。この荒廃状況のなかで、人々は一時水田稲作を畠作に転換させて飢えをしのぎ、用水路を復旧して水田再開発を行っていった。しかし、今日の畑や山林となっている土地の地下から十二世紀初頭の水田（浅間B水田）が発見される場合も多く、今日にいたるまで復旧されないままの水田もかなりあった。新田荘の西の渕名荘《ふちなのしょう》に向けて利根川《とねがわ》から引水しようとした女堀《おんなぼり》は、その発掘調査によって、火山灰を鋤きこんで畠がつくられ、その畠を掘り割って掘削されていることが明らかになった（12頁図1参照）。

水田から畠作への転換、畠作優位、うどん常食化の上州の風土はここに源泉をもっていると考えても過言ではないであろう。この火山災害からの復興過程で、再開発地が豪族などの私領として広汎に出現していくのである。

2　再開発の波

亡弊の国

浅間火山爆発がおこったころ、東国はどのような状況だったのであろうか。それは、火山爆発以前にすでに荒廃状況が始まっていたということなのである。十一世紀にはいると、東国では「亡弊の国」という言葉がよく使用されるようになった。「亡弊」とは人民の疲弊・窮乏が甚だしいことを意味し、この状況になったときは、国家の認定によって、調・庸と租の半分が免除される仕組みになっていた。上総《かずさ》を中心に平忠常《たいらのただつね》の乱《らん》（長元元年〈一〇二八〉）がおこったとき、戦乱と飢餓《きが》（この飢餓によって反乱軍は自滅した）により、常陸《ひたち》・上総・下総《しもうさ》・安房《あわ》・相模《さがみ》などが二年免除の適用を受け、その後武蔵《むさし》でも実施された。

嘉保二年（一〇九五）上野国司は飢餓により、調・庸・租を無理に徴収すれば、百姓の逃散《ちょうさん》をまねくとして、亡弊の適用を申請して一年免除されている（「百巻本東大寺文書」）。この年はとくに凶作であったらしいが、この時期には自然災害とからんで、農民の逃散がしきりとおこり、それに加えて逃散した農民をかかえこみ、私領を経営する豪族が各地に勢力を張りはじめており、律令制度による収取の方式はまったく行き詰まっていた。国衙に結集する在庁官人のそれぞれが、同時に各郡における豪族であり、自然災害があると中央政府に亡弊免除申請を行い、自分の取り分の確保に汲々《きゅうきゅう》としていたのである。

亡弊というのはそのような総合的な状況を示していた。このように十一世紀の上野では律令制度は確実に解体しつつあった。そこに浅間火山爆発が襲い、この荒廃状況をさらに極限まで押しひろげたのであった。

火山灰地でおこったこと

火山爆発後にこの地域におこったことをその因果関係を含めて直接示す史料はない。次の二つの間接的な史料によって災害地の混乱状況を示すことにしたい。

永久二年（一一一四）八月に、藤原家綱《ふじわらのいえつな》は次のような事件をおこしている（『中右記』）。家綱は、平将門《たいらのまさかど》の乱を鎮圧した藤原秀郷《ふじわらのひでさと》の子孫で、当時下野国足利《あしかが》や上野国東部地域に幅広く活動していた。

為義・義国、郎党の家綱を相論す。上野国司の訴によって召し問うの処、本主両人相論如何《いかん》。仰せて云わく、為義我が郎党に非ざるの由申す、甚だ非常なり。誰人の従者といえども、推《おし》取るところの雑物糾返すべきなり。為義に付して召し出すべきの由、明兼に仰せおわんぬ。

藤原家綱が雑物《ぞうもつ》を「推取」（略奪）したという上野国司からの訴えによって、検非違使庁《けびいしちょう》の中御門宗忠《なかみかどむねただ》が家綱の主君に当たる源為義《みなもとのためよし》・義国《ためくに》を召問《しょうもん》したところ、両者とも自分の郎党でないことを主張しあった。この件について白河法皇《しらかわほうおう》に伺いをたてたところ法皇は、為義が家綱を自分の郎党でないと主張するのは「非常」な（普通では考えられない）ことである。誰の従者であれ略奪したものを返還すべきで、そのためには（源家の惣領として）為義に付託して、家綱を召し出すことを検非違使庁の明兼《あきかね》に命じた、というのである。

家綱が上野国内で働いたという非法の内容は、「雑物推取」という以外は不明であるが、八月という季節からいって収穫前後の食糧の略奪であろうか。このときは上野国は火山災害による荒廃状態にあり、極度の食糧難に陥っていたことは事実であろう。上野国を経由する食糧などの貢納物、あるいは国衙に備蓄された食糧などを襲撃・奪取する行動に出たのかもしれない。この事件の結末がその後どうなったかは明らかではない。

藤原氏は、かつて奥州合戦で源頼義《みなもとのよりよし》・義家《よしいえ》らに従い、広い意味で源氏の家人であったが、このころすでに独自の道を歩み始めていることをこの史料が示している。そして源氏も一枚岩でなく、為義と義国との対立・矛盾が発生し、両者ともかかわりあいになるのを恐れて、家綱との主従関係を他に押しつけているのである。

次に下野東部の佐野荘《さののしょう》に発生した永久二年（一一一四）の事件を取り上げよう（『中右記』）。

（八月三日）早旦、院に参ず。（中略）仰せられて云わく、九条太政大臣後家、下野荘司二人（為義郎等）を訴え申し、使庁下部をもって上件の従類を召すべし、荘内を追い払うべきなり。大蔵卿をもって今朝下知しおわんぬ。すなわち行重に仰せおわんぬ。大蔵卿、行重に仰する故なり。

（八月十三日）検非違使資清来たる。院宣を伝えて云わく、（中略）また仰せて云わく、前太政大臣家下野荘司等召し遣わすやいかん。申して云わく、すなわち先日行重に下知しおわんぬ。

（八月二十五日）予、院に参ず。御物忌なり。宗章に付し奏する事、かの下野荘司宗任、近日上洛なり。何様候べけんや。仰せて云わく、重犯にあらず、ただ荘内を追却すべし。およそ全く荘内に居住すべからざるの由、下知すべきなり。

（十月二十七日）行重来たりて云わく、先日院宣によって召し候ところの源永、坂東よりまさに参ぜんとするなり。

（十一月朔日）晩頭、院に参ず。御物忌なり。源永の事、左衛門佐に付し申せしむ。仰せて云わく、太政大臣荘に居住すべからざるの由仰せ下して早く追放すべし。従類交名奏聞し、御所に留む。

（十一月十六日）早旦、院に参ず。（中略）宗実をもって奏する事、行重下部下野国太政大臣荘に遣わさる、今日到来す。荘内下人みな前使追却しおわんぬ。ただし荘下司棟佐子息荘外にあり、然れども庁使触れ示すの後、その後宿所を焼かれおわんぬ。証計なく候といえども、棟佐子男所為かてへり。仰せて云わく、棟佐在京、早く召し進ずべきの由、棟佐を責むべしてへり。すなわち行重に下知しおわんぬ。

この一連の史料の要旨は次のようなものである。中御門宗忠が白河法皇のもとに参ずると、院は九《く》条太政大臣《じょうだじょうだいじん》（藤原信長）後家が訴えている所領の下野国の荘園について、二人の下司（源為義の郎等）を検非違使庁の下部に命じて召還して荘内を追放することを命じた。宗忠は、すぐに蔵人頭藤原為《くろうどのとうふじわらのため》房《ふさ》をして検非違使の大江行重《おおえのゆきしげ》に伝えた。十三日には再度このことについて院より仰せがあり、宗忠は手配の済んだことを上申している。

二十五日に、荘司の宗任《むねとう》（これは後出の棟佐と同一人物か）が近日上洛するので、どのように処置したらよいか伺いを立てたところ、「重犯」ではないのでただ荘内から追放すればよいのであり、まったく荘内には居住してはならない旨を下知せよ、という院の意向が示された。十月二十七日、検非違使の大江行重が先の院の召還によってもう一人の下司《げす》源永《げんえい》が板東《ばんどう》から上洛することを報告した。十一月一日、源永の処置について伺いを立てたところ、院は荘内居住を禁じて追放し、「従類交名《じゅうるいこうめい》」（従者の名簿）を上申して院の御所の記録に留めよと命じた。さらに十一月十六日、下野に派遣した大江行重の現地報告に基づいて、宗忠は、荘内の棟佐《むねすけ》などの下人をすべて追放したが、荘外にいた棟佐子息と考えられる輩《やから》によって宿所が焼かれたことなどを奏状した。院は、京にいる棟佐を召し捕らえ責め立てよと述べ、宗忠はこのことを大江行重に命じた。

以上のことで、東国の荘園支配に対する院の厳しい姿勢がみられ、中御門宗忠以下検非違使庁が下司の召還・処分、現地の検断などに当たっていたことがうかがえる。そして、源為義郎等といわれる棟佐・源永という二人の下司がその追求の対象となっている。この二人がいかなる罪料を犯したのであろうか。この罪料に対する処置はあくまで荘外追放であることからみて、強盗・殺害などの人身的な犯罪ではなく、荘園年貢の対捍《たいかん》などの荘園本所《ほんじょ》との紛争にあったと考えられる。このときの荘園本所は、かつて太政大臣であり寛治五年（一〇九一）に没した藤原信長の後家である。すなわち後家の要請によって院が直接乗り出して紛争の解決を検非違使庁に命じたのである。

さて、この下野国の荘園は下野東部の佐野荘と推定される。下司と太政大臣後家との紛争の原因は、この事件の発生が浅間火山爆発の六年後ということを考えると、火山爆発によって年貢収納がまったく滞《とどこお》ってしまったことに対して、後家が下司を解任しようとしたが、それに抵抗して下司は居座《いすわ》りつづけたのでこのような強権の発動となったのではなかろうか。直接証明することはできないが、このように推定しておきたい。

以上の二事件は、直接の関連を示す史料ではないが、いずれも火山爆発直後のことであることから、火山爆発による荒廃という事態のなかで発生した事件と推定されるのである。

荘園設立ラッシュ

浅間山大爆発後しばらく経た元永二年（一一一九）三月から四月にかけて、『中右記』は次の事項を記録している。

（三月二十五日）巳《み》の時ばかり院より召しあり、すなわち馳参す。御前に召して仰せられて云わく、上野国司申す所あり。返日関白家この国中立荘の事あり。これ知信寄せ申すなり。くだんの荘五千町におよび、斎院禊祭料紅花かの荘の地利なり。すなわち弁済能《あた》わずてえり。この事いかん、たとえ山川藪沢といえども一国の中に五千町におよび甚だ不便なり。便宜あるの時、この旨をもって関白に伝うべきなり。すこぶるもって不便てえり。予申して云わく、この事全く知らず候なり。仰せの旨をもって関白に伝うべく候。家に帰りての後、相尋ねるのところ、御物忌てえり。（三月二十六日）巳の時ばかり殿下に参ず。昨日の院宣を申すのところ、御返事に云わく、ただかくの如きの荘園、人寄するをもって家領となすなり。すなわち知信申す旨をもって一旦は国司に仰するばかりなり。今においては停止すべきなり。およそ大小雑事ただ憚らず教え仰せらるべきなり。次いで院に参ず。召しあり御前に参ず。委《くわ》しくもって奏しおわんぬ。午後退出す。（四月五日）殿下に参ず。御物忌といえども御出居に参ず。（中略）上野荘の事、殿下の御使として院に参り奏覧しおわんぬ。御返事、仰せによって消息をもって殿下に申しおわんぬ。

ここに、上野国内における荘園設立停止問題について、白河法皇と関白藤原忠実《かんぱくふじわらのただざね》の関係が、権中納言中御門宗忠を媒介にして具体的に記されている。そこに、上野国における国衙と摂関家勢力の対立がうかがわれるのである。

摂関家藤原忠実の家司（家臣）の平知信《たいらのとものぶ》が、おそらく現地で火山爆発による荒廃地を再開発したり、あるいは買得などで集積した上野国の五〇〇〇町歩の地を忠実に寄進したのであろう。あるいは知信は、現地の豪族などの寄進を斡旋したのかもしれない。ところが、上野国司からこの件について異議申したてが白河法皇に提出されたのである。すなわち、①その地が五〇〇〇町歩の広大な所で、②そのなかに賀茂斎院《かものさいいん》の禊《みそぎまつり》祭料の紅花《べにばな》の産地を含み、荘園化によってその弁済が不能になる、というものであった。法皇はこのことを宗忠に下問し、たとえ山川藪沢《さんせんすうたく》（荒蕪地）であっても一国内で五〇〇〇町歩は広大すぎる、という点を強調して不承認の意を表明し、このことを関白に伝えるよう命じた。

宗忠はその日のうちに関白家を訪れたが、忠実は「物忌《ものいみ》」（ある期間不浄を避けて家に閉じ籠《こ》もり人との接触を絶つこと）ということで、翌日再度訪れこのことを伝えた。これに対し忠実は、このような荘園は人が寄進したので家領にしたまでのことである。知信から寄進の申し出があったので一度は荘園にしようということで上野国司に申請を出したまでのことで、そのような院の仰せがある以上、停止するつもりだと述べている。この意見表明を踏まえて、宗忠は院のもとに行きこのことを報告し、院からの返事は書状にしたためて忠実に送っている。このように宗忠はこの案件をめぐって、院と関白の間の使い走りの役割を演じたのである。

ここに登場する平知信は、関白忠実・忠通《ただみち》に仕え、中宮大進《ちゅうぐうのだいじん》・兵部大輔《ひょうぶのたいふ》・出羽守を歴任し、天養元年（一一四四）に没している。知信は、おそらく忠実の意を受けて、浅間山爆発によって荒廃した上野国に赴き、現地で空閑地《こかんち》（開発可能の荒廃地）の開発、所領の買得《ばいとく》・集積、豪族の所領寄進の斡旋《あっせん》などを行い、五〇〇〇町歩の土地の取りまとめをして荘園設立の申請を上野国司に提出したのである。摂関家は知信のような家司を各地に派遣して、荘園設立の努力を続けているのである（九州の島津荘《しまづのしょう》では成功）。ところが、上野国司はこの荘園設立に前述の理由で難色を示して院に訴え、摂関家領荘園の増大を抑止しようとする白河法皇も、これを拒否して沙汰《さた》止《や》みとなったのである。

この五〇〇〇町歩の地域が上野国内のどこかは不明だが、賀茂斎院禊祭料紅花との関係から現地に賀茂社が延喜式内社《えんぎしきないしゃ》として二座存在する山田郡《やまだぐん》、後の薗田御厨《そのだのみくりや》の地域が該当すると思われる。

この事件は院の指揮によって停止された場合であるが、火山爆発の荒廃地の再開発の進展を踏まえて、広範に成立した私領を集積して荘園が成立していく過程を示している。

浅間火山爆発後の十二世紀はこの地域に再開発ブームがおこり、墾田永代私財法《こんでんえいたいしざいほう》の規定により開発地は私領になるということであったから、公田《こうでん》の多くが開発私領となり、この私領を開発や買得で集積した豪族がそれを中央の院・摂関家・貴族・大寺社などの権門《けんもん》に寄進して、荘園を成立させていくこととなった。十二世紀中葉を中心にこの火山災害地域は荘園造立ラッシュとなり、この中で立荘年次が確認できるものに、高山御厨《たかやまのみくりや》（天承元年（一一三一））、土井出《つちいで》・笠科荘《かさしなのしょう》（康治二年（一一四三）以前）、簗田御厨《やなだのみくりや》（康治二年（一一四三））、園田御厨《そのだのみくりや》（保元元年（一一五六））、新田荘《にったのしょう》（保元二年（一一五七））、下野国足利荘《あしかがのしょう》（平治元年（一一五九）以前）、青柳御厨《あおやぎのみくりや》（長寛元年〜永万元年（一一六三〜五））、玉村御厨《たまむらのみくりや》（長寛元年〜永万元年（一一六三〜五））、下野国寒河御厨《さむかわのみくりや》（仁安元年（一一六六）以前）、武蔵国児玉荘《こだまのしょう》（安元元年（一一七五）以前）などがあり、その他の多くの荘園もこの時期に立荘されたと推定される。

律令制度のもとで、官衙や大寺社に「封戸」という形で土地・人民を支給する制度があったが、この封戸の給付を変更して、公領を所領に転換したのが「保《ほ》」で、これは十二世紀に進行していった。上野国では成立年代は不明だが、山上保《やまがみのほ》や寮米保《りょうまいのほ》がある。また地主と称する現地の開発地主が、開発した私領を中央の院・摂関家・貴族・大寺社などに寄進し、これを基礎にしてある領域を国司や中央権力（主として院庁）が承認することによって私的大土地所有の荘園が成立していった。伊勢皇大神宮や賀茂社の場合、これをとくに「御厨」と称した。保・御厨ともに荘園の一変形と考えてよい。次に代表的な荘園の事例をあげておく。

上野東部の新田郡《にったぐん》では、在地の豪族新田義重《にったよししげ》が新田郡の西南部に空閑地（開発可能の荒蕪地）を開発して、女塚・世良田などの「こかんの郷々」といわれる一九郷の私領を形成した。それを保元二年（一一五七）に摂関家の分家の花山院家《かざんいんけ》藤原忠雅《ふじわらのただまさ》に寄進した。忠雅はこれを院の御願寺《ごがんじ》金剛心院《こんごうしんいん》に寄進するとともに義重を現地の荘官（下司職）に任命し、ここに一九郷を基礎に新田荘が成立した。この場合、本家は金剛心院、領家は藤原忠雅、下司は源義重という重層的な土地所有・支配関係となったのである。

忠雅は朝廷内で昇進して太政大臣となるが、それに応じて新田荘も拡大され、嘉応二年（一一七〇）には、一九郷の第一次荘園化した部分に加え、残る国衙領の新田郡の部分三九郷の所領目録が作成されて第二次荘園化を行っている。このようにして、十二世紀後半には新田郡全域が新田荘に転化したのである（以上「正木文書」・「長楽寺文書」）。

上野北部では土井出・笠科荘が成立する。康治二年（一一四三）の安楽寿院《あんらくじゅいん》（鳥羽上皇の祈願寺）の所領目録によると、利根郡《とねぐん》の土井出・笠科荘は、

　壱処　字土井出・笠科荘

　　東は練山を限る、西は隅田荘を限る、南は長江北を限る、北は越後国境山中を限る。

とある。土井出・笠科荘は複合的な荘園で、その範囲（四至）は、東は練山《ねりやま》（根利山、いまの利根郡利根村）、南は長江《ながえ》の北（昭和村永井か）、西は隅田荘《すだのしょう》と境を接し、北は上越国境の山中に及ぶという広大なものである。隅田荘については不明だが、隅田川《すみだがわ》は利根川の別称であり、隅田荘は利根川沿岸地域の荘園と思われる。南北朝期にはいると「利根荘号土井戸荘」などと利根荘《とねのしょう》の呼び名が一般化するが、おそらく土井出・笠科・隅田（利根）の三つの部分が合して、ほぼ利根郡の大半をふくんで利根荘となったのではあるまいか。ともあれ、利根荘の前身である土井出・笠科荘は十二世紀の四〇年代にはすでに成立していたのである。

新田荘の西に接し、佐位郡《さいぐん》全域を包摂する仁和寺《にんなじ》金剛院領《こんごういんりょう》渕名荘《ふちなのしょう》もこの頃成立する。この荘園の開発のために西方の利根川（旧河道）から前橋市《まえばしし》の石関《いしぜき》付近で引水し、佐波郡《さわぐん》東村《あずまむら》西国定《にしくにさだ》に至る延々一二キロメートルにわたって開削《かいさく》された女堀《おんなぼり》という用水遺構がある。この用水は、浅間Bテフラの堆積した畠を掘り割って施工されており、十二世紀中葉の土木工事と考えられるが、工事半ばにして中断され遺構が今日に残されているものである。この女堀および渕名荘《ふちなのしょう》の開発主体として藤原秀郷流の藤原氏が考えられ、その祖である兼行《かねゆき》は「渕名大夫《ふちなのだいふ》」を号している。その子孫にあたる成綱《なりつな》（那波四郎）は十二世紀前半に、その子にあたる家綱《いえつな》（足利大夫）は十二世紀中葉に、それぞれ宮廷行事の相撲節会《すまいのせちえ》の相撲人《すまいにん》（地方の豪族の子弟が勤める）として上洛している人物である（「長秋記」「兵範記」「中右記」「醍醐雑事記」）。渕名荘および女堀の開発はこの成綱・家綱らを中心とする秀郷流藤原氏の豪族連合によって行われたものと推定される。

現地豪族の開発（私領の成立）、有力者への寄進、地方・中央の権力の承認という手続きで十一〜十二世紀には各地に多くの荘園が作られた。このように、保・御厨・荘園の成立は全国的な動向であるが、上野国・下野西部の場合、浅間火山災害をきっかけに十二世紀の中葉に、集中的かつ濃密に行われるという特殊事情がある。

以上、一、二、三の事例を述べたが、ほとんど十二世紀に成立する上野国・下野国西南部の荘園を一括して示しておく（48頁図5）。

3　古代から中世への転換

茨城県八千代町《やちよちょう》の尾崎前山遺跡《おさきまえやまいせき》は、古代製鉄遺構を発掘調査によって解明したという点で著名な遺跡であるが、この遺構はその上面に浅間火山灰（Bテフラ）を含む上層が確認されている。この調査団に参加していた中世史家の福田豊彦氏は、浅間火山爆発に関連して次のように述べている。

町田洋・新井房夫両氏が指摘されるように、この噴火の影響には今後の研究にまたなければならないものが多いが、あるいはこの少し前に、房総はじめ南関東に大きな被害をもたらした平忠常の乱と同様な影響を、北関東に及ぼしたのかもしれない。関東の荘園には一二世紀に成立したものが多く、しかも一〇世紀以前の荘園で中世に残るものは極めて少なかった。この背景に「大開墾時代」といわれるような一二世紀の盛んな開発・再開発があり、この中で育った東国武士が中世を開いたとすれば、天仁の浅間大噴火は、古代を葬り中世を生みだす役割を担ったことになろうか。今後の各方面での検討を期待する。

（東京工業大学製鉄史研究会『古代日本の鉄と社会』三六〇頁、平凡社、一九八二年）

この福田氏のいう平忠常《たいらのただつね》の乱は長元元年（一〇二八）から長元四年の四年間にわたって房総を中心に展開し、その間長元三年には大飢饉に見舞われる。この飢饉によって戦闘能力を失った平忠常は追討軍の源頼信《みなもとのよりのぶ》に降伏することとなる。この乱が東・南関東に大きな亡幣状況を生み出したことはすでに福田氏らによって明らかにされているが、その約八〇年後の浅間大爆発が北関東の一角を襲撃したのである。この二つの人為的および自然的災害が歴史に及ぼす影響についての検討を福田氏は提言しているわけである。

本稿は、この福田氏の提言に応えるささやかな作業でもあるが、すでに考察を加えたように、火山爆発の荒廃状況の中からの再開発によって古代国家の最後の段階である王朝国家が依存している律令制的な収取機構は打撃を受け、広範に成立した私領の自己展開は、地方豪族と中央権門の結合のもとに荘園制という大土地所有制をもたらした。このことは、荘園化しなかった公領への変質（等質化）をもたらし、中世社会の基本的骨格である荘園公領制を成立させた。そして、地方豪族は荘園・公領の地頭《じとう》（下司）や郷司《ごうし》として地歩を固め、武士団として成長を遂げていくことになる。浅間火山爆発の被災地域においては足利氏や新田氏の源氏、秀郷流藤原氏などがそれにあたる。このような東国武士団は、保元・平治の乱、治承・寿永内乱を経て武家政権である鎌倉幕府を成立させていくことになる。

もとより荘園公領制の成立は、十一～十二世紀の全国的・一般的動向であるが、浅間火山爆発被災地域の上野・下野西部地域においては、荒廃地の再開発を通じて急速かつ濃密に行われ、そのことが他地域への引金となったことも無視できないと思われる。このような意味で、福田氏の提言である

「浅間火山爆発は、古代を葬り中世を生みだす役割を担った」という評価は妥当なものと考えられるのである。

四　中世後期の二つの歴史像
――飢饉と農業の発展――

暗黒史と発展史の二つのイメージ

元弘三年（一三三三）に鎌倉幕府が滅亡し、後醍醐天皇《ごだいごてんのう》を頂点とする建武政府が同年に成立する。しかし、その政府も三年足らずで事実上崩壊し、建武三年（一三三六）足利尊氏《あしかがたかうじ》が京都に幕府を開き、南北朝内乱に突入する。この目まぐるしく変転する十四世紀の三〇年代から始めて、戦国動乱を経て室町幕府が完全に消滅し、織田信長《おだのぶなが》・豊臣秀吉《とよとみひでよし》によって新たに近世的な統一政権が登場してくる十六世紀の七、八〇年代に至るまで、その間の約二世紀半を中世史研究の上では、一つのまとまりある時期として中世後期といい、平安末～鎌倉時代の中世前期と区別している。

この時期について、一見相反《いっけんあいはん》するような次の二つの歴史像が形成されている。一つは、将軍を中心とした中央政治権力が不安定で、やがて権威失墜《しっつい》し、社会の秩序が乱れ、戦乱や飢饉《ききん》が連続した「暗黒の時代」だというのである。このような評価は、戦前の研究において共通して出されている。もう一つは都市や農村における民衆勢力の台頭《たいとう》、そこにおける「自治」の形成、農・工業における生産力の発展、商業・交通の活発化、総じて経済的発展が著《いちじる》しく、そのような展開をふまえて、民衆の生活と権利擁護の闘争が荘家の一揆や土一揆《つちいっき》などの形をとって展開され、また今日に伝わる民族文化が形成され、総じて「豊かな発展の時代」だというのである。この見解は、とくに戦後の歴史研究が明らかにしてきた諸側面である。

前者が、おもに支配者中心に秩序と安定を重んずる戦前の国家中心主義的歴史観によるものであるとすれば、後者は、民衆の動向に視点を据えて、歴史の全体像をみようとする戦後の歴史研究との差異に基づくものでもある。たとえば、下位のものが実力を蓄《たくわ》え、上位のものを克服する「下剋上《げこくじょう》」という言葉をとってみても、その評価は貴族の日記の表現をそのままに、混乱の象徴と捉《とら》えるか、あるいはそれを民衆の台頭の現象と捉えるかで、その叙述の仕方は異なってくる。

しかし、この評価の差異を、単に視点や見解の相違で片づけるのではなく、その諸側面を統一的に理解することがより必要と考える。この時期は統一権力の分裂乃至《ないし》アナーキー、全体として権力が不安定な時代である。そして、「下剋上」が恒常化《こうじょうか》し、戦乱は絶え間ない。南北朝内乱、応仁の乱、戦国動乱の三つの大乱を前・中・後に置き、その間にも明徳の乱、応永の乱、永享の乱、嘉吉の乱、永正の乱、天文の乱など、小内乱は繰り返されている。

飢饉の時代

一方、旱魃《かんばつ》・冷害・虫害・風水害などの自然災害の結果としてあらわれる凶作・飢饉もこの時期には顕著のように思われる。旧暦の四〜六月の田植および稲の生育期における旱魃、六〜八月の成長および穂ばらみ期における長雨《ながあめ》、日照不足、気温の低下による冷害、そして病虫害の発生、八〜十月の受粉期および刈入れ期における台風などによる風水害などなど、稲作生産の豊凶を左右するいくつかの難関がある。このような自然災害が広域を襲うとき、大飢饉となり、流浪人《るろうにん》や餓死者《がししゃ》が続出し、体力の弱った人びとの上に悪疫《あくえき》の流行が追い打ちをかけ、生産力発展の主体である人的被害が深刻なものになる。歴史上にあらわれる大飢饉のうち、養和の飢饉と近世初頭の寛永の飢饉の間のおもな飢饉を表示すると別表2のようになる。

表2　中世飢饉略年表（中央公論社『日本の歴史』別巻5、年表より作成）

年	西暦	事項
養和元	一一八一	四月、京都の餓死者道に満ちる。この年天下大飢饉で餓死者が多い。
寛喜2	一二三〇	この年、気候不順、諸国飢饉。
建長4	一二五二	この年、飢饉のため、米価一升百銭に及ぶ。
正嘉2	一二五八	この年、風雨により凶作。
正元元	一二五九	この年、京都および諸国飢饉・疫病、死者が多い。
貞治5	一三六六	六月、飢饉、疫病流行する。
明徳元	一三九〇	七月、大雨続き八月に及ぶ。前年以来、天下大いに飢える。
明徳2	一三九一	この年もまた、天下大いに飢える。
明徳4	一三九三	六〜九月、旱天続く。この年も大いに飢える。

応永27	一四二〇	六～七月、旱天により、朝廷雨を祈る。大旱魃で淀川の水が涸渇したという。
応永28	一四二一	一月、飢饉のため、五条河原で施しを行う。
応永29	一四二二	九月、前年の飢饉疫病死者の追善を五条河原で行う。
永享3	一四三一	五月、京都洪水。七月、京都飢饉、死者多く、幕府、米商人に売惜みを禁ずる。
永享10	一四三八	五月、飢饉疫病流行して死者が多い。
文安4	一四四七	五月、旱天。六月、三日病・咳病流行する。
文安5	一四四八	この年、疫病流行、飢饉となる。
長禄元	一四五七	九月、疾患・炎旱により改元する。
長禄3	一四五九	三月、天下大飢饉。
寛正元	一四六〇	十二月、天下大飢饉・大旱・兵乱により改元する。
寛正2	一四六一	三月、天下疫饑、死者街路に満ちる。四条・五条橋で施餓鬼を行う。
明応元	一四九二	この年、諸国疫病流行、死者多く寛正のごとくである。
明応8	一四九九	この年、諸国飢饉。
永正元	一五〇四	この年、天下飢饉。
天文9	一五四〇	八月、諸国大風雨。この春・秋、天下大飢饉・疫病、人相食むという。
弘治3	一五五七	五～八月、炎旱、飢饉となる。八月、京畿大風、文明七年（一四七五）以来という。
永禄9	一五六六	六月、天下飢え、人多く死ぬ。
永禄10	一五六七	この年、会津飢饉。
慶長6	一六〇一	この秋、諸国飢饉。
寛永18	一六四一	この年、諸国大凶作となる。
寛永19	一六四二	二月、寛永飢饉、頂点に達する。人身売買の禁令を各街道に布達する。

この表に記載されている飢饉の原因、被災地域の範囲、その度合など具体的かつ子細に検討する必要があるが、ここでは十五世紀を中心に集中していることを確認しておきたい。この中で寛正の飢饉は最大のものであった。長禄三年（一四五九）から翌年にかけて天候不順が続き、炎旱《えんかん》・大暴風雨・冷害、蝗《いなご》の発生などに繰り返し襲われ、人びとは飢饉と疫病《えきびょう》にさいなまれ、中国地方では人肉を食う状況も出現した。朝廷と幕府は寛正と改元し、災厄《さいやく》を払おうとしたが、事態はますます悪化した。次いで、寛正二年（一四六一）には、食糧不足は全国的に拡大され、餓死する者があい次いだ。禅僧雲泉大極《うんせんたいきょく》の日記『碧山日録《へきざんにちろく》』の寛正二年二月の条にはその状況が次のように記されている。

晦日、事を以って京に入り、四条坊の橋の上よりその上流を見ると、無数の死体が流され、岩石をころがすように、流水をせきとめて、その腐臭は耐えがたい。……正月から是月まで京都の死者は八万二千人である。自分が何で知ったかと問うと、その答は、京都の北に一人の僧があり、木切れをもって八万四千の卒塔婆を造り、一々死骸の上に置いたところ、今二千を余したという。京都内といえども見ることの出来ない所、又は京都の外の原野、河川の屍は卒塔婆を置くことが出来なかったということであった。（原文は漢文、一部意訳読み下し）

以上は、京都だけの記事であるから、各地の惨状も推察に余りあり、餓死と流浪で廃墟《はいきょ》と化した農村もあったろう。寛正の飢饉に代表される十五世紀は、天災・飢饉の歴史の上で特筆さるべき時代である。

農業技術の発展

最近の気象の歴史の研究によれば、中世の日記などにみられる桜の開花時の綿密な検討から、この十五世紀は小氷期にあたり、冷涼・多雨の異常気候による農業生産の低下、飢饉の頻発の時代としている（山本武夫『気候の語る日本の歴史』そしえて文庫、一九七六年）。

以上のような自然条件の悪化とそれの農業生産への打撃の問題と、中世後期の農業生産を中心とした経済発展の問題はどのように関連し合うのか。すなわち、中世後期の明暗二つの歴史像の統一的理解が、この時代の特質を解明する鍵であるように思う。

中世後期農業生産力の発展は、二毛作可能乾田の普及を軸にして展開された。水田の二毛作の初見は十二世紀初頭の伊勢《いせ》国の史料にみられるが、鎌倉末期には西国を中心に普及し、十五世紀には、東国にも出現するようになる。応永二十八年（一四二一）、倭寇問題解決のため来日した朝鮮使節宋希璟は、摂津《せっつ》の尼崎《あまがさき》付近において、一つの耕地を灌水・排水することによって、水田あるいは畠として使い分け、大小麦・稲・木麦（そば）の一年三種の作物を収穫している事実を報告し、さらに水辺の村、山辺の村も烟《かまど》の煙がたなびき、役人が少なく、閑《しず》かで、耕地は一年に三刈の穀物を作り、人びとは仁義を知っていると、豊かでのどかな日本の瀬戸内の農村の様子を詩にうたっている（『老松堂日本行録』）。

このような二毛作の普及は、用水の整備と肥料の使用による地味の恢復《かいふく》を必須条件としていた。用水路の開削、運用が村落共同体（惣）を基礎に行われた。肥料には山野の草や木の葉を耕地に敷き込む刈敷《かりしき》、草木を燃やして作った肥灰、そして、人畜の排泄する糞尿などが用いられた。糞尿を貯蔵するための大型の甕《かめ》の普及がその前提となっている。肥料も多くは山野に原料を求めるから、山野の共同利用の発展は村落共同体（惣）の発展と並行した。

しかし、この発展は、前述の自然条件の悪化、その克服という側面を見落としてはならない。干害に対抗して用水路を整備し、池を造成し、あるいは新たに河川からの横断用水路を開削する。冷涼・乾燥に強い麦作を水田裏作に採用することによって食糧の確保を図ろうとする。中世後期農民は、自然災害の波状的な襲来という困難な状況下にあって、というよりはそれ故に、農業技術面での発展によって、その危機を切り抜けようとした。そして、その保障を村落共同体（惣）の結合に求めたものと考える。

一方では領主との闘争（荘家の一揆）において、年貢斗代《とだい》（量）を固定化し、領主の恣意《しい》的収奪を拒否し、不作時の年貢減免を要求し、不法の代官の罷免を要求した。この荘家の一揆は、村落内に剰余を留保し、より豊かな生活を確保するための闘争というよりは、ぎりぎりの再生産を維持し、耕地を確保し続けるためのものと考えられる。にもかかわらず、災害と領主の収奪によって、寺庵《あん》・土豪・土倉《どそう》などの高利貸から米・麦・銭を借用し、あるいは未進年貢に利子がつき、それらが累積して高利貸資本の餌食《えじき》となり、抵当《ていとう》の耕地・屋敷を奪われ、流浪したり、下人や小作人に転落する農民も多く出現した。このような経営解体の危機にさらされた農民は、権力に対して、このような貸借関係の破棄、すなわち徳政《とくせい》を求めて蜂起した。中世後期に頻発する徳政一揆がそれである。酒屋・土倉・寺庵を襲い、借書《しゃくしょ》を破り、地域の領主や守護やあるいは幕府に要求して徳政令を発布させ、それを手がかりにしてさらに高利貸資本との貸借関係を破棄させた。徳政一揆は荘家の一揆とは異なった側面での、農民の生活防衛の闘争である。この闘争においても村落共同体（惣）の連合体である惣郷が重要な役割を果たした。中世後期の村落共同体は、生産・闘争・祭祀の三つの面での機能を果たしたのである。

最初に述べた中世後期の領主階級あるいは政治権力の不安定性の基礎過程には、このような農民の動向と災害等による収取物の減少があり、これが領主相互間の権力闘争を激化させる原因であったと思う。

五　災異と元号と天皇

1　元号と天皇・国家

一九七九年三月通常国会に、大平内閣によって提出された元号法案は次のような内容である。

第一条　元号は、政令で定める。

第二条　元号は、皇位の継承があった場合に限り、改める。

付則

一、この法律は公布の日から施行する。

二、この法律施行の際、現に用いられている「昭和」は、この法律に基づき定められた元号とする。

この案文は、一九七八年秋の臨時国会に提出を予定して、福田内閣のもとで作成された総理府案を手直ししたものである。総理府案は、この一、二条が入れ替わり、「第一条　皇位の継承があったときは、新たに元号を定め、一世の間、これを改めない」とあり、この中の「一世」を削ることによって、天皇と元号との密着した関係を表現上やや緩和させたものとなっている。しかし基本は変らず、次のような意図を持つものである。

①大日本帝国憲法のもとでの天皇主権に基づく皇室典範《こうしってんぱん》第十二条、登極令《とうきょくれい》(注)などの廃止によって、その法的基礎を失なっている「昭和」元号を再認知する。

②天皇の諡号《しごう》と元号を一致させ（一世一元）、天皇の崩御、新天皇の践祚と同時に、新元号が公布されるようにする。

③古代以来、天皇の詔《みことのり》による公布という点を改変し、政令によるものとする。

以上であるが、別言すれば、明治以来の天皇主権のもとでの一世一元制を形を変えて、現憲法下、国民主権のもとで温存しようとするものである。

本章は、元号法制化問題を直接の契機として書かれたものであり、もちろん元号法制化策動の批判に供しようとするものである。しかし、すでに各方面で論ぜられている元号法制化の本質、反対の視点、促進ないし反対運動の動向などについては他の論稿に譲り、元号の天皇・国家とのかかわり方を前近代とりわけ封建時代（中世・近世）に限定し、従来必ずしも十分に論じつくされていない二、三の問題について考察し、近代元号制と対比することによって批判の論点を提出したいと思う。なお元号、年号の二つの表現については、史料以外は元号に統一して叙述することとする。

（注）　皇室典範第十二条（明治二十二年制定）
　践祚ノ後元号ヲ建テ、一世ノ間ニ再ビ改メザルコト、明治元年ノ定制ニ従フ。
登極令（皇室令第一号、明治四十二年公布）
第二条
　天皇践祚ノ後、直ニ元号ヲ改ム。
元号ハ、枢密顧問ニ諮詢シタル後、之ヲ勅定ス。
第三条
　元号ハ、詔書ヲ以テ之ヲ公布ス。

総理府原案が、皇室典範に類似していることに注目する必要がある。

2　元号の呪術的性格

治承から慶応にいたる封建時代（中・近世）の元号一四一を、その明示された改元理由別に分類すると次のようになる。

Ⓐ**代始改元**（三五例）

天皇即位（践祚）の翌年に人心の一新を意図して改元される。以下（　）内は、天皇と改元年月日。

養和（安徳　一一八一・七・一四）　元暦（後鳥羽　一一八四・四・一六）

正治（土御門　一一九九・四・二七）
貞応（後堀河　一二二二・四・一三）
寛元（後嵯峨　一二四三・二・二六）
文応（亀山　一二六〇・四・一三）
正応（伏見　一二八八・四・二八）
乾元（後二条　一三〇二・一一・二一）
元応（後醍醐　一三一九・四・二八）
暦応（光明　一三三八・八・二八）
観応（崇光　一三五〇・二・二七）
永和（後円融　一三七五・二・二七）
正長（称光　一四二八・四・二七）将軍代始
文正（後土御門　一四六六・二・二八）
享禄（後奈良　一五二八・八・二〇）
文禄（後陽成　一五九二・一二・八）
明暦（後西院　一六五五・四・一三）
正徳（中御門　一七一一・四・二五）

建暦（順徳　一二一一・三・九）
天福（四条　一二三三・四・一五）
宝治（後深草　一二四七・二・二八）
建治（後宇多　一二七五・四・二五）
正安（後伏見　一二九九・四・二五）
延慶（花園　一三〇八・一〇・九）
正慶（光厳　一三三二・四・二八）
興国（後村上　一三四〇・四・二八）
文和（後光厳　一三五二・九・二七）
至徳（後小松　一三八四・二・二七革命）
永享（後花園　一四二九・九・五）
文亀（後柏原　一五〇一・二・二九革命）
永禄（正親町　一五五八・二・二八）
正保（後光明　一六四四・一二・一六）
元禄（東山　一六八八・九・三〇）
元文（桜町　一七三六・四・二八）

寛延（桃園 一七四八・七・一二）

(B) 災異改元（七四例）

天体運行による暦法上の災厄年とされる三合《さんごう》〔三〕、彗星出現などの天変〔天〕、地変である地震・山崩れなど〔地〕、農耕に大きな影響を与える旱魃《かんばつ》〔旱〕・風害〔風〕・水害〔水〕、飢饉〔飢〕、疫病《えきびょう》などの流行〔病〕、内裏《だいり》や江戸城その他大都市での火災〔火〕、兵革（戦乱）〔兵〕、その他変異の出現〔変〕などの場合に行われた改元である。〔 〕内の略号で内容を示す。

治承（高倉 一一七七・八・四〔火〕）
文治（後鳥羽 一一八五・八・一四〔火〕〔地〕）
建永（土御門 一二〇六・四・二七〔病〕）
建保（順徳 一二一三・一二・六〔天〕〔地〕）
元仁（後堀河 一二二四・一一・二〇〔天〕〔旱〕）
安貞（後堀河 一二二七・一二・一〇〔天〕〔病〕〔風〕）
貞永（後堀河 一二三二・四・二〔天〕〔風〕〔水〕〔飢〕）
嘉禎（四条 一二三五・九・一九〔天〕〔地〕）
延応（四条 一二三九・二・七〔天〕〔地〕）
建長（後深草 一二四九・三・一八〔天〕〔火〕）
寿永（安徳 一一八二・五・二七〔飢〕〔病〕〔兵〕）
建久（後鳥羽 一一九〇・四・一一〔三〕）
承元（土御門 一二〇七・一〇・二五〔三〕〔病〕）
承久（順徳 一二一九・四・一二〔三〕〔天〕〔旱〕）
嘉禄（後堀河 一二二五・四・二〇〔病〕）
寛喜（後堀河 一二二九・三・五〔天〕〔風〕〔飢〕）
文暦（四条 一二三四・一一・五〔天〕〔地〕）
暦仁（四条 一二三八・一一・二三〔天〕）
仁治（四条 一二四〇・七・一六〔天〕〔旱〕）
康元（後深草 一二五六・一〇・五〔病〕）

正嘉（後深草　一二五七・三・一四〔火〕）
正元（後深草　一二五九・三・二六〔飢〕〔病〕）
弘安（後宇多　一二七八・二・二九〔病〕）
永仁（伏見　一二九三・八・五〔地〕〔天〕〔旱〕）
嘉元（後二条　一三〇三・八・五〔旱〕〔天〕）
徳治（後二条　一三〇六・一二・一四〔天〕）
応長（花園　一三一一・四・二八〔病〕）
正和（花園　一三一二・三・二〇〔天〕〔地〕）
文保（花園　一三一七・二・三〔地〕）
嘉暦（後醍醐　一三二六・四・二六〔病〕〔地〕）
元徳（後醍醐　一三二九・八・二九〔病〕）
元弘（後醍醐　一三三一・八・九〔病〕）
建武（後醍醐　一三三四・一・二九〔兵〕）
延元（後醍醐　一三三六・二・二九〔兵〕）
康永（光明　一三四二・四・二七〔病〕〔天〕）
貞和（光明　一三四五・一〇・二一〔病〕〔風〕〔水〕）
延文（後光厳　一三五六・三・二八〔兵〕）
康安（後光厳　一三六一・三・二九〔病〕〔天〕〔兵〕）
貞治（後光厳　一三六二・九・二三〔兵〕〔病〕〔天〕〔地〕）
応安（後光厳　一三六八・二・一八〔兵〕〔天〕）
天授（長慶　一三七五・二・二七〔地〕）
康暦（後円融　一三七九・三・二二〔天〕〔病〕〔兵〕）
嘉慶（後小松　一三八七・八・二三〔病〕）
康応（後小松　一三八九・二・九〔病〕）
明徳（後小松　一三九〇・三・二六〔天〕〔兵〕）
応永（後小松　一三九四・七・五〔病〕〔旱〕）
宝徳（後花園　一四四九・七・二八〔水〕〔地〕〔病〕〔飢〕）
享徳（後花園　一四五二・七・二五〔病〕〔三〕）
康正（後花園　一四五五・七・二五〔兵〕）
長禄（後花園　一四五七・九・二八〔病〕〔旱〕）
寛正（後花園　一四六〇・一二・二一〔飢〕）
応仁（後土御門　一四六七・三・五〔兵〕）

文明（後土御門　一四六九・四・二八〔兵〕）
長享（後土御門　一四八七・七・二〇〔火〕）
延徳（後土御門　一四八九・八・二一〔天〕〔病〕）
明応（後土御門　一四九二・七・一九〔病〕）
大永（後柏原　一五二一・八・二三〔兵〕〔天〕）
天文（後奈良　一五三二・七・二九〔兵〕）
弘治（後奈良　一五五五・一〇・二三〔兵〕）
元亀（正親町　一五七〇・四・二三〔兵〕）
天正（正親町　一五七三・七・二八〔兵〕）
慶長（後陽成　一五九六・一〇・二七〔天〕〔地〕）
万治（後西院　一六五八・七・二三〔火〕）
寛文（後西院　一六六一・四・二五〔火〕）
延宝（霊元　一六七三・九・二一〔火〕・代始）
宝永（東山　一七〇四・三・一三〔地〕）
宝暦（桃園　一七五一・一〇・二七〔変〕）
安永（後桃園　一七七二・一一・一六〔火〕〔風〕）
寛政（光格　一七八九・一・二五〔火〕）
天保（仁孝　一八三〇・一二・一〇〔地〕）
弘化（仁孝　一八四四・一二・二〔火〕）
安政（孝明　一八五四・一一・二七〔火〕）
万延（孝明　一八六〇・三・一八〔火〕〔病〕）
慶応（孝明　一八六五・四・七〔兵〕）

(C) 辛酉革命改元（一一例）

辛酉年に天命が革《あらた》められるということから、改元をして災厄を除去する。

建仁（土御門　一二〇一・二・一三）
弘長（亀山　一二六一・二・二〇）
元亨（後醍醐　一三二一・二・二三）
弘和（長慶　一三八一・二・一〇）
永徳（後円融　一三八一・二・二四）
嘉吉（後花園　一四四一・二・一七）

文亀（後柏原　一五〇一・二・二九代始）
寛保（桜町　一七四一・二・二七）
文久（孝明　一八六一・二・一九）
天和（霊元　一六八一・九・二九）
享和（光格　一八〇一・二・五）

(D)甲子革令改元（一二例）

甲子年における天命改変を避けるための改元。

元久（土御門　一二〇四・二・二〇）
正中（後醍醐　一三二四・一二・九）
至徳（後小松　一三八四・二・二七代始）
永正（後柏原　一五〇四・二・三〇）
貞享（霊元　一六八四・二・二一）
文化（光格　一八〇四・二・一一）
文永（亀山　一二六四・二・二八）
元中（後亀山　一三八四・四・二八）
文安（後花園　一四四四・二・五）
寛永（後水尾　一六二四・二・三〇）
延享（桜町　一七四四・二・二一）
元治（孝明　一八六四・二・二〇）

(E)改元理由の不明のもの（九例）

正平（後村上　一三四六・一二・八）
文中（長慶　一三七一・四・？）
建徳（長慶　一三七〇・七・二四）

いずれも南朝元号であるが、改元理由は明らかでない。しかし建徳は長慶天皇（一三六八・八即位）の代始改元の可能性がある。

慶安（後光明　一六四八・二・一五）
　正保元号が批判にさらされ、そのための改元か。
承応（後光明　一六五二・九・一八）
　慶安四年将軍徳川家光の死（一六五一・四）、家綱の将軍職就任によるものか。
享保（中御門　一七一六・六・二二）
　正徳二年（一七一二）十月将軍徳川家宣の死、続いて正徳六年（一七一六）四月に次の将軍徳川家継の死を契機に改元したものか。
天明（光格　一七八一・四・二）
　不明であるが、安永八年（一七七九）十一月即位の光格天皇の代始改元か。
文政（仁孝　一八一八・四・二二）
　前年三月仁孝天皇の即位、九月浦賀にイギリス船来航などによる改元か。
嘉永（孝明　一八四八・二・二八）
　弘化三年（一八四六）二月の孝明天皇即位、また外国船の来航などによる改元か。
　以上、代始と革令・革命の重複の二例（至徳・文亀）を含めて、一四一例の分類検討を行ったわけであるが、そのいずれもが、災厄を絶ち、安穏幸福をもたらす願望をこめて改元されている。代始についても、先帝の死の災厄を払い新帝の登場を慶賀するという点でこの例外ではない。とりわけ過半を占める災異改元や、革命・革令改元にそのことがよく示されている。このように元号は呪術性《じゅじゅっせい》の色濃いものであった。なお中・近世では、古代に頻発《ひんぱつ》する祥瑞改元《しょうずいかいげん》（白雉・朱鳥・大宝・慶雲・和銅・霊亀・養老・神亀・天平・天平感宝・天平宝字・神護景雲・天応・嘉祥・斉衡・天安）の例がないことも特徴である。

3　元号制定をめぐる公武関係

日本においては、元号を制定公布する権限《けんげん》は天皇が有し、元号は天皇の詔書《しょうしょ》（あるいは宣命）という文書形式で公布された。古代以来この一貫性を確認しておく必要がある。滝川政次郎氏はこれを天皇の時間に対する支配権として「元号大権」と称した。これは「天皇が元を建て、元を改める権利であって、この権利は臣下の者の干犯《かんぱん》を許さない天皇に専属する権利なるが故に、あえて大権と名づけた」と記しているが（『元号考証』永田書房）、天皇による公布という点では「干犯」のないものの、その制定過程では、諸権力の干与《かんよ》と介入のあったことも事実である。したがってひとまず「大権」という表現を用いず天皇の「元号制定権」と規定しておきたい。

天皇が元号を制定・公布するといっても、それは天皇の恣意性に任されるものでなく、公家・武家などの中から改元が提起され、菅原家《すがわらけ》、清原家《きよはらけ》といった有職故実家《ゆうそくこじつけ》によって中国古典などのなかから嘉字《かじ》が集字されていくつかの原案が出され、それについて難陳《なんちん》（批判と弁明）が行われた後、その一つが撰定されて改元詔書の公布となる。

国家が当時の支配階級の結集体であり、支配階級内部の諸階層の利害対立を内包している以上、元号制定過程も単なる非政治的な儀礼の問題なのではなく、明らかに政治的な形態をとる。改元が誰によって提起され、どのような理由をこめて公布されるか、またそこにどのような力関係が作用するのか、また表向きの改元理由の背後に、隠された改元理由はないのかなど、重要な国家史の問題がその中に伏在《ふくざい》しているのである。

元号制定過程に鎌倉幕府が介入した事例として次の二つがあげられる。

承久の乱後、幕府は後鳥羽、土御門、順徳の三上皇を配流し、仲恭《ちゅうきょう》天皇を廃した。そして後堀河天皇が擁立された。承久四年（一二二二）四月の貞応の改元は、後堀河天皇の代始改元であった。ところが貞応三年（一二二四）十一月に災異（天変・旱魃）改元として元仁に改元された。その直後に幕府から「元仁不快」の抗議があり、朝廷は翌年四月、災異（疫病）改元として嘉禄と改元された（「明月記」）。幕府の「元仁」を忌避した理由は不明だが、承久の乱後の幕府の朝廷に対する警戒心のもとで、幕府の了解なしに改元を行ったことが、幕府を刺戟《しげき》し、その威信を示すために「元仁」否定の改元を強要したのであろうか。ともかく、ここでは改元理由は名目的なものであり、公武のきびしい政治関係を表現するものとなっているのである。

徳治三年（一三〇八）十月九日、花園天皇は、「延慶」と改元した。改元理由は代始改元であるが、天皇の践祚は同年八月である。改元はその直後のことで、しかも即位大礼以前のことである。一連の改元行事に参加した左大臣鷹司冬平《たかつかさふゆひら》は、この間の事情を次のように記している。

九月、改元定也、先例多者譲位翌年有二此事一、而今度関東内々有二申旨一之間、忩被レ行二別儀一也、

（「冬平公記」『増補史料大成』三六）

代始改元は践祚の翌年に行うという「踰年《ゆねん》改元」が慣例であるが、鎌倉幕府の申し入れによって、慣例を破って急いで改元が行われるというのである。その間の事情を後伏見上皇は、次のように記している。

即位以前改元不二普通一歟、但今度関東密密有レ申二旨入道相国（二条兼基）一之由聞レ之、仍不レ及二左右一、有二其沙汰一也、即位以前改元天暦歟、其外之例、可二引勘一者也、代始改元、任二常例一無二赦恩詔一、

（「改元宸記」『続群書類従』一一）

所功氏は、上記の事例を紹介しながら、この時点は、朝廷における尊治親王《たかはるしんのう》（後の後醍醐）の立太子と同時に、幕府では守邦《もりくに》親王の新将軍就任があり、とりわけ後者を慶賀するために改元を要請したのかも知れない、と推定している（『日本の年号』雄山閣出版）。

私は所氏の推定が成り立つと思う。後述するように鎌倉幕府は、朝廷からもたらされた改元詔書を批准《ひじゅん》・認証する改元吉書の儀を政所《まんどころ》で行っている。そして将軍の手から東国に新元号が流布させら

れる。まさに新しい改元吉書は、新将軍守邦親王の登場を飾るにふさわしい儀式である。それ故、慣例を無視して、改元の繰上げを行ったのであろう。

南北朝・室町時代の天皇は、室町幕府の規制を大きく受けた。したがって改元も幕府に規制されることが多かった。代始の踰《ゆ》年改元は朝廷の要望したようには行われず、称光天皇の代始改元（応永→正長）は十四年間も留保されていた。

江戸時代に入って、前期においては、改元が幕府の意向によって左右されることが多かった。一六四四年十二月十六日の正保改元は後光明天皇の代始改元であるが、それ以前の寛永元号が二十一年も続いた後であった。この改元事情を林羅山《はやしらざん》の「改元物語」は次のように記している。

寛永二十年冬、後光明天皇即位アリ、一年号三帝ニ渉ル例ナシトテ、明年十二月改元アリテ正保ト号ス、此時諸家ノ勧進スル所数多アリトイヘドモ、大猷公（徳川家光）御前ニテ御裁断アツテ、仰ニ曰、年号ハ天下共ニ用フルコトナレバ武家ヨリ定ムベキコト勿論也、公家武家ノ政ハ正シキニ若ハナシ、正シクシテ保タバ大吉也ト議定シタマフ。

寛永は甲子革令改元であるが、事実上は、徳川家光《とくがわいえみつ》の代始改元とみられる。その後、三代の天皇に及んで改元なき故、後光明天皇の代始として正保改元が行われたが、徳川家光の上記の裁断によって決定している。「年号ハ天下共ニ用フルコトナレバ武家ヨリ定ムベキコト勿論也」という主張が堂々とされている。慶安四年（一六五一）四月家光が没し、家綱《いえつな》が将軍職を継承すると、翌年承応と改元

されている。この間の事情は、

四月二十日大猷公《徳川家光》薨ジタマフ、同八月十八日、今ノ大君征夷大将軍ニ任ジタマフ、此ニ由テ明年ノ秋改元アツテ、承応ト号ス、（「改元物語」）

とあり、本来は天皇の代始改元であるべきものが将軍の代始にも転用されているところにこの時代の特徴がある。この例は、綱吉《つなよし》の天和（辛酉革命を理由）、家宣《いえのぶ》の正徳（中御門の代始と重複）などの場合に見られる。

一方、寛文三年（一六六三）霊元《れいげん》天皇の即位の時、代始改元の意向が示されたが、幕府の同意が得られなかったようで（「改元物語」）、寛文は十三年（一六七三）まで続き、その年九月に、十年目の霊元天皇の代始と災異（火災）を理由として延宝と改元が行われている。天皇の元号制定権は、幕府によって著しく制約を受けていることは明らかである。

4　世論と改元

元号がしばしば世論の批判の対象になり、改元される場合がある。鎌倉中期の四条天皇は、十一年の在位の間、貞永・天福・文暦・嘉禎・暦仁・延応・仁治と七つの元号を持ち、幕末の孝明天皇の七つと同じ元号数の多い天皇である。この時期は寛喜の飢饉に続いて、自然災害の多発する時期で、そのほとんどが災異改元である。嘉禎四年（一二三八）十一月二十三日に暦仁と改元されるが、次のような世論の批判を浴び翌二月七日には二月余で延応と改元されている。

暦仁世俗云、略人有レ憚、且上下多有二夭亡之聞一、仍被レ改二延応一了、但猶依二変災一改元之由、被レ仰二詔書一、　（「百練抄」延応元年二月七日条）

すなわち暦仁は略人に通じ、そのために多くの人が死亡するというのである。自然災害の不安から、人々は元号の不吉を問題とするようになり、その動向に抗しがたく天皇は改元せざるをえなくなったのである。ここに元号の呪術性が如実に示されていると思う。

このように元号の音通によって、元号批判の世論がおこる場合がしばしばあった。

（文暦元年）十一月五日庚子有二改元事一、天福字自レ始世人不レ受、諒闇相続、為二其徴一之由口遊、但諒闇中其例希云々、　（「百練抄」）

天福は転覆に通じ、当初から人々の評判が悪く、藻壁門院《そうへきもんいん》（後堀河中宮）および後堀河上皇の相次ぐ死亡も元号の不吉の故との「口遊《くちあそび》」（噂さ）が広がり、上皇の諒闇《りょうあん》中にもかかわらず、文暦と改元された。

江戸時代に入って、いくつかの事例が知られる。

正保五年、亦京童部ノ癖ナレバ、正保焼亡ト声ノ響似タリ、保ノ字ヲ分レバ人口木トヨムベシ、又正保元年ト連書スレバ、正ニ保元ノ年トヨム、大乱ノ兆也ト放言ス、又少シ書籍ヲモ見ケル者ハ、正ノ字ハ一ニシテ止ムト読、久シカルマジキ兆也トイヘリ、カヤウノ雑説マチ〳〵ナルニヨリ、京兆尹板倉周防守重宗内々ニテ言上シケルニヤ、慶安ト改メラル、是時モ先考（林信勝）ヲ御前へ召テ御議定アリ、（「改元物語」）

正保元号は「焼亡」と音声が似て、分解すれば「人口木」（人朽《く》ちき）で、「正保元年」は「正に保元の年」（大乱の兆）で、「正」字は「一にして止む」ということで、永いことはない、などなど、語呂合わせから、文字の分解によるこじつけを含めての批判が「京童部《きょうわらべ》」の口といわれる世論となってあがっている。そして慶安の改元は何ら公的な理由が付されていない。

明暦の場合は、次のように記されている。

其三年（承応）ニ当ル九月二十日、後光明天皇崩御アツテ、今ノ新院（後西院）承継セタマヒシナリ、其明年改元アツテ明暦ト号ス、其三年正月、江戸大火アリ、其時ノ巷説ニ、明暦ノ二字日月マタ日ヲソヘタリ、光リ過タルニ由リ、大火事アリナド、言フ、（「改元物語」）

代始改元である明暦は、日二つと月と光に関する文字を三つも含み、光り過ぎで明暦の大火（「振袖火事」）を招いたと批判され、災異（火事）改元によって、寛文となっている。

以上いくつかの元号批判の世論の例をあげたが、元号が災厄を払い、安穏幸福をもたらすという呪術性を持つが故に、俗に表現するならば「縁起もの」であるが故に、その観点から批判にさらされる。自然や人為的災害、あるいは凶事出来の場合、元号の欠点として改元の世論が形成される。天皇・幕府がその声に押されて改元に踏み切り、人心の一新を図ろうとするのである。

5　元号の伝達と普及

天皇の改元詔書が出された後、それがどのように各地に伝達され、一般民衆のレベルにまで到達するのかを、関東を素材にして考えてみたい。

鎌倉時代においては、改元詔書は即刻六《ろく》波《は》羅《ら》探題《たんだい》を通じて鎌倉幕府に伝えられ、幕府政所において改元吉書の儀が行われる。

(a)元仁二年五月二日壬戌、午刻京都使者到来、去月廿日改元、改㆓元仁二年㆒為㆓嘉禄元年㆒、

(b)嘉禄三年十二月廿五日庚午、六波羅飛脚到来、持㆓参改元詔書㆒、去十日改㆓嘉禄三年㆒為㆓安貞元年㆒云云、廿六日辛未、於㆓政所㆒而被㆑行㆓改元吉書㆒也、

(c)安貞三年三月廿五日、於㆓政所㆒有㆓改元吉書始㆒、信濃二郎左衛門尉為㆓武州御共㆒、持㆓参御所㆒、披㆓覧御前㆒云云、去五日改㆓安貞三年㆒為㆓寛喜元年㆒、大蔵卿為長撰㆓進之㆒云云、

(d)正元二年四月十八日乙卯、今日改元詔書到来、去十三日改㆓正元二年㆒為㆓文応元年㆒、文章博士在章撰進云云、依㆓御即位㆒也、廿二日己未、於㆓政所㆒被㆑行㆓改元吉書㆒、（以上「吾妻鏡」）

(e)正和六、二、三改元、為文保、同五日、被仰武家、同六日、被申関東、（「武家年代記」）

以上(a)～(e)の史料によって朝廷→六波羅探題→鎌倉幕府の改元詔書の伝達経路が確認される。そして幕府に到達後、政所において改元吉書の儀が行われ、幕府によって改元が批准・認証されると考えられる。この儀式を経《へ》た後に新元号が流布されて使用されるわけである。朝廷の改元から幕府の改元吉書の儀に至る間の日時のズレは、(a)では十二日以上、(b)では十三日、(c)では二十日、(d)では九日、(e)では三日以上となっている。一般的に十日以上のズレがあると考えてよいと思う。千々和到氏は、鎌倉時代新元号の東国での一般通用を、改元詔書発布後約一カ月後としている（「東国における仏教の中世的展開」『史学雑誌』八二巻二・三号、一九七三年）。

幕府は、新元号の採用について、一定の自立性を持ち、幕府の改元吉書をもって新元号の批准、認証とし、使用の出発点としていると思われる。したがって鎌倉幕府の最末期には、「今年元弘元八月九日改元、同月大外記之注二進関東一之処、有二詔書一無二改元記一、仍関東不レ用二新暦一用二元徳暦一」（「関城書裏書」）という事態が生じている。もちろんこの時期は、朝幕関係が緊張し、後醍醐天皇が神器を擁して奈良の笠置寺《かさぎでら》に逃れるなどの状況下で、幕府は急ぎ光厳《こうごん》天皇を擁立した。そして後醍醐天皇の元弘改元を認めず、その年は元徳元号をそのまま使用して、翌年正慶と改元した。幕府滅亡までの三年間は元徳・正慶元号と元弘元号が併存していたのである。

さて、新元号伝達は、鎌倉幕府から守護や寺社を通じてなされると考えられるが、それを証明する史料がない。

南北朝・室町時代についても、朝廷・幕府から東国の小幕府である鎌倉府へ伝達され、鎌倉時代と同様な手続で、鎌倉公方の改元吉書の儀によって東国の改元が施行されると考えられるが、具体的な史料をまだ発見していない。

江戸時代に入ると、やや明らかになってくる。江戸幕府が改元過程に深く関与していることは前に述べたが、一度改元されると改元詔書は間もなく幕府に到着し、幕府は一万石以上の大名などを招集して、幕府の改元令を発する。

正徳改元諸家勘文、正徳六年丙申六月二十二日未刻條事定、同月日申刻改元（中略）以㆓正徳六年㆒改為㆓享保元年㆒、七月朔関東改元令、（「塩尻」一）

正徳六年（一七一六）の享保への改元の場合は、天皇の改元は六月二十二日で、幕府による改元は七月一日で、九日のずれがある。このように改元月日は二重になっており、関東で流布されるのは幕府改元の月日である。

江戸市中へは、町奉行→町年寄→町人のルートで伝達される。

(a)一、当卯月廿九日より明暦元年ニ改元候間、右之通町中入念不㆑残可㆑被㆓相触㆒候、以上、

未卯月廿九日　　町年寄三人

（『正宝事録』一―一一二）

(b)　覚

一、当九月廿一日より年号延宝元年と改元有㆑之候間、町中家持ハ不㆑及㆑申、借屋店かり裏々迄

相触可レ申候、少も油断有間敷候、

右之通相触候は、今日中其町々月行事印判を持、喜多村所江可レ参候、以上、

丑九月廿八日　　町年寄三人

（『正宝事録』一―五二四）

(a)は明暦改元、(b)は延宝改元の時の町年寄の各町方への布達であるが、前者の天皇改元は四月十三日、後者は九月二十一日であり、表示されている幕府改元と約一―二週間ずれているのが一般的である。(a)では「町中入念不残」とし、(b)では家持ばかりでなく、借家等にまで相触れさせ、伝達の後町々の月行事《つきぎょうじ》より町年寄が印判をとって、伝達の遺漏《いろう》のないことを確認している。かなり厳重に周知徹底させたことがうかがえる。

関東ではないが、長州藩ではつぎのような布達を出している。

正徳の年号、今日より享保に被二相改一候、証文等の儀は七月朔日より被二相改一候事、

「享保元年」

申七月十九日

（「二十八冊御書付」ノ七『山口県史料』近世編法制上）

天皇の享保改元は、正徳六年（一七一六）六月二十二日、幕府改元は七月一日である。しかし長州《ちょうしゅう》藩《はん》の場合は、七月十九日より改元としている。ここに三者三様の独自性が示されているが、長州藩が、証文など（貸借関係）の記載元号を七月一日まで遡及《そきゅう》させているのは、幕府改元を尊重したものと見ることができる。

次にかかげる幕末における信州佐久郡の「田野口藩陣屋日記《たのくちはんじんやにっき》」の一部は、元号の在地への滲透過程《しんとうかてい》を示す興味深い史料であるので、煩《わずらわし》さをいとわず記しておく。

(a)
（天保十五年）十二月十六日天気

（中略）

一、去ル十三日年号改元ニ付仰出候ニ付、左之通御書付被㆓差遣㆒候間、早々御領分江申触候事、

覚

辰十二月十三日

弘化

右之通年号改元被㆓仰出㆒候ニ付、奥并ケ所江も附々ヲ以中老月番より可㆓申達㆒候事、

一、家中向々江も可㆓申達㆒候之事、

辰十二月十四日

(b)
（弘化五年三月）同月廿日天気

一、江戸表より去ル十六日附宿継之御用書到来之処、当来　上々様益々御機嫌ニて被㆑遊㆓御座㆒候段被㆓仰下㆒奉㆓恐悦㆒候、

一、年号改元ニ付、左之通之御書付写到来候ニ付、例之通申触候事、

覚

嘉永
右之通年号改元被二仰出一候ニ付、奥幷ケ所江も附々を以、中老月番より可二申達一候事、
一、家中向々江も可二申達一候之事、
申三月十六日
右之通也、外に左之書付到来申候、
（下略）

幕府の改元が江戸表より「宿継《やどつぎ》之《の》御用書《ごようがき》」の一部として藩に到着し、藩は、その写を各支配下に送達している。その文書が「陣屋日記」の中に書き写されているのである。この場合、天皇の改元月日は問題にされていない。この月日の関係を表にすると次のようになる。

	弘化	嘉永
天皇の改元	十二月　二日	二月二十八日
幕府の改元	十二月　十三日	三月　十五日
触書が陣屋に到着	十二月二十六日	三月　二十日

ほぼ半月から一カ月の間に現地に伝達されるのである。そして現地の農民が具体的に新元号を使用し始めるのは、弘化の場合は十二月二十七日の上海瀬村《かみうみせむら》よりの上申書、嘉永の場合は、三月二十二日入沢村《いりさわむら》よりの上申書からである。このことから江戸時代においては、天皇の改元から幕府の改元まで

約二週間、そして幕府の改元から実際に農民の使用に至るまで、一週間前後を要していることが判明する。

そして藩役人や農民のレベルでは、天皇の改元月日は、全く知らされていないのである。

次に旗本知行所管内の事例をあげておく。

以二廻状一申入候、然者年号之儀、当月十三日享和与改元被二仰出一候、不レ洩様可レ被二相触一候、将又今般若殿様御前髪被レ為レ執候、右ニ付為二恐悦一両村申合為惣代壱人可レ被二罷出一候、此状順達従留リ村差戻可レ被レ申候、以上、

(享和元年)
酉二月

林肥後守内
下振簾助㊞

上州山田郡
浅原村
沖之郷
右村名主中

(「沖之郷中村正二氏所蔵文書」『太田市史』史料編近世1)

これは、旗本林肥後守《はやしひごのかみ》知行所上野国山田郡浅原村沖之郷村《こうずけのくにやまだぐんあさはらむらおきのごうむら》両村への改元の回状触書《かいじょうふれがき》であるが、同時に林肥後守の若君の元服の祝儀に出頭せよとの伝達をも合わせて行っている。

以上見たように改元は江戸時代においては幕藩制の支配と伝達の機構を利用して、農民諸階層に至るまで周知徹底されたものと考えられる。その場合も、改元の主体は幕府と認識させられていたのである。

6　公元号不使用をめぐる問題

公元号とは、天皇の改元詔書によって公布され、国家機関の伝達経路によって伝達普及された国家的な元号をいう。天皇権力が分裂した場合、例《たと》えば南北朝内乱期には南北両朝のそれぞれの発布する公元号が競合併存する。そしてどちらかの元号を使用することは、どちらかの側に属すという使用者の政治的立場を表現することになる。

公元号に対して、その他の元号が使用される場合がある。その一は、ひとまず「不改元号」と称しておくが、公元号の改元に際して、その改元を承認せず、ないしはその改元の伝達経路が断たれたことなどによって、積極的にせよ、消極的にせよ、従来の元号を使用せざるを得ない地方権力が、そのまま旧元号を使用し続ける場合である。この例は鎌倉末期の鎌倉幕府や室町時代の氏満《うじみつ》・持氏《もちうじ》・成氏《しげうじ》の三代の鎌倉公方の場合に見られる。改元した中央政府と一定の対立関係が生じた場合、このような状況が出現する。

その二は私元号である。私元号は、「不改元号」が準公元号的性格を持つのに比べて、民間の個人や集団が、公元号に改変を加えたり、あるいは宗教上の名辞を元号に採用したりして使用する。私元号については、久保常晴『私年号の研究』(吉川弘文館)の大著があり、最近千々和到氏は、久保氏の私元号の研究の未解決の問題について検討を加え、新しい見解を提示している(「中世の東国の『私年号』」『歴史評論』三四八号)。千々和氏によれば、私元号は、至徳→至大、享徳→延徳(私元号の延徳)、享徳→享正、延徳→福徳のように、公元号の一部を大・正・福などのめでたい文字を変えて使用したり、あるいは民間信仰の「弥勒」を用いたりして、元号の持つ呪術性の効果をさらに高めようとしていると述べている。本稿では、私元号についてはとくに触れないこととする。久保・千々和両氏の業績によられたい。

「不改元号」については、以下東国政権の場合に限って述べることにする。

鎌倉最末期、幕府が後醍醐天皇の元弘改元を忌避して元徳元号を使用し続けたことについては前述したが、南北朝・室町時代に鎌倉府の氏満・持氏・成氏の三代の鎌倉公方は、室町幕府と対立する度ごとに、この「不改元号」が発生する。

至徳四年(一三八七)八月二十三日、後小松天皇は甲子《かっし》革令《かくれい》を理由に改元するが、足利氏満およびその管轄下の者はそれ以後もしばらく至徳元号を使用し続ける。

①至徳四年九月二十日　上杉憲方置文(上杉家文書)

②至徳四年十月七日　　井円供僧職譲状（相承院文書）
③至徳四年十月十日　　関東管領上杉憲方奉書（三島神社文書）
④嘉慶元年十二月十八日　鎌倉府政所執事巻数請取状（大善寺文書）

そして④にいたって嘉慶元号を使用するようになる。この関東における改元がおくれた理由については必ずしも明らかでない。下野《しもつけ》における小山若犬丸《おやまわかいぬまる》の反乱、小山氏に与同する常陸《ひたち》の小田孝朝《おだたかとも》の反乱などの対応で、氏満の改元吉書の儀が止《や》むなく延引されていたのか、あるいは将軍足利義満《あしかがよしみつ》と氏満とはとかく不和であったので、氏満の側が故意に改元を遅らせていたのか、どちらかであろう。

氏満の孫、足利持氏《もちうじ》の場合、幕府との関係は円滑を欠いた。正長二年（一四二九）九月五日後花園天皇代始《だいはじめ》（同時に足利義教《よしのり》の将軍職就任）ということで永享と改元が行われた。これに対して、子息の将軍職の就任を望んでいた持氏は、足利義教に反発し、幕府と対立して、この改元を承認せず、正長二年十一月三日の足利持氏御教書《みきょうしょ》（鶴岡神主大伴氏所蔵文書）をはじめとして、正長四年（一四三一）四月二十七日足利持氏神主職《かんぬししょく》還付状《かんぷじょう》写《うつし》（鶴岡神主家伝文書）に至るまで、永享元号を使用せず、正長元号を使用し続けた。持氏が一時的にせよ幕府と和解したのは、永享三年（一四三一）七月十九日で、以後持氏は永享元号を使用するが、永享十一年には、幕府軍によって攻め殺されている（永享の乱）。

氏満・持氏の場合は、幕府との関係が完全に切断されたわけでないので、改元詔書は鎌倉府に到来したと思われるが、その中央政府（朝廷・幕府）よりの改元詔書を批准・認証せず、改元吉書の儀を行わなかったと推定され、それ故《ゆえ》改元を管轄下の関東十カ国に布達することをしなかったと考えられる。しかし次に述べる足利氏の場合は若干事情が異なっている。

足利成氏《しげうじ》は、永享の乱による父足利持氏の滅亡後、若干の鎌倉公方の空位の後に、文安六年（一四四九）九月に鎌倉に迎えられて鎌倉公方に就任した。しかし、関東管領上杉氏（憲忠）と永享の乱・結城合戦で持氏方として戦った結城《ゆうき》・里見《さとみ》・小山《おやま》・武田《たけだ》氏らの豪族層との確執は絶えず、それが鎌倉公方足利成氏と関東管領上杉憲忠の対立に発展し、享徳三年（一四五四）十二月、成氏は憲忠を攻め殺した。以後関東は内乱（享徳の乱）に突入する。翌年五月、室町幕府は足利成氏を反乱者と認定し、上杉氏の支援のため「関東御退治」の「錦旗」を天皇からもらい受け、周辺諸国に動員令を発した（「康富記」）。成氏は下総古河（古河公方）を本拠地として関東東北部を抑えて戦った。

享徳四年（一四五五）七月二十五日、関東の内乱を理由に兵革改元がなされ、康正と改元される。しかし改元詔書は、上杉方には到来しても、反乱軍と認定された足利成氏のもとには到来しなかったと思われる。したがって足利成氏は改元吉書の儀も行わず、新元号の布達を管轄下の地域に行うことができなかった。成氏の発給した「不改元号」享徳の文書は、つぎのような史料に見られる。

①享徳五年二月十日　足利成氏願文（鷲宮神社文書・武蔵）
②享徳六年四月十日　黄梅院所領注文（黄梅院文書・相模）
③享徳十七年正月十日　足利成氏書状（塙不二丸氏所蔵文書・常陸）

④享徳十七年正月十六日　足利成氏判物（香取文書・下総）
⑤享徳十八年十一月十二日　高師久所領注文（永井直哉氏所蔵文書・下野）
⑥享徳二十年七月二十二日　茂木持知所領注文（茂木文書・下野）
⑦享徳二十六年九月十六日　報国寺所領注文（報国寺文書・相模）
⑧享徳二十七年四月七日　安保氏泰所領注文（安保文書・武蔵）

所領注文にはいずれも足利成氏の証判が据えられている。最後の享徳二十七年は、文明十年（一四七八）にあたる。この間、京都では康正・長禄・寛正・文正・文明と六度の改元が行われたが、成氏はこれを無視して、というより無視せざるを得ず享徳元号を使用し続けたのである。文明十年（一四七八）一月には、足利成氏と上杉顕定《あきさだ》の現地における和議が成立し、文明十四年には足利成氏と将軍足利義政《よしまさ》の和議が成立した。天皇は足利成氏赦免の綸旨《りんじ》を下した。これ以後、成氏は文明元号を使用するようになった。

以上見てきたように、鎌倉公方は、関東の小幕府（鎌倉府）の長として、京都からの公元号（改元詔書）を受け取り、それを改元吉書の儀によって批准・認証し、公布するという公元号の伝達経路の重要な接点に位置した。享徳三年に成立した鎌倉府の有職故実書「殿中以下年中行事」《でんちゅういかねんじゅうぎょうじ》（『成氏年中行事』、「鎌倉年中行事」ともいう）（『群書類従』二二）によると「京都・鎌倉ノ御両殿ハ天子ノ為《として》二代官一諸侍ノ忠否之浅深ヲ糺《ただし》、可レ有二御政務一職ニテマシマス間大樹《たいじゅ》ト申也」とあり、「都・鄙」（京都・鎌倉）の両公方の併存を基礎に室町幕府体制が成立していることを示している。論証は省くが、事実鎌倉府は幕府権力の大幅な委任・割譲を受けて、関東十か国の支配を実現していた東国政権で、これは室町幕府のもとで一定の自立した「小国家」と呼ぶにふさわしい存在であった。

それ故に国家権力の時の支配権、すなわち元号の制定・公布は、天皇に発する権限であるが、それを鎌倉公方は「天子ノ代官」として行使する存在であった。鎌倉公方の意向は、天皇の元号制定権を否定はしないが、一時的消極的に「不使用」という形で、「不改元号」の使用が時々行われたのである。

7　一世一元制の成立

以上述べたことを要約すると次のようになる。

①封建時代（中・近世）においては、元号の制定権は一貫して天皇が保持し、改元詔書という形式で発布した。

②元号は、災厄を払い、安穏幸福を招くという呪術的性格を基本としており、天皇の代始、災異、辛酉革命・甲子革令などを理由にその都度改元がなされた。

③元号の制定をめぐって権力内部の力関係が作用し、幕府権力による実質的な天皇の改元行為への

干与と介入がしばしばなされた。そこには表向きの改元理由と別の理由が存在する場合があった。

④元号の呪術的性格故に、元号に対する世論の批判がおこり、それが改元の契機となったり、あるいは公元号を修正した私元号の流行をみたりした。

⑤元号の伝達・普及経路は、国家の支配機構に依拠しており、一定期間ののち、改元は全国各地に通達された。

⑥元号伝達経路にある権力機関（とくに鎌倉府）において、当時の政治的対立に起因して、新元号不使用の問題がおこり、改元する以前の年をそのまま使用し続けるという「不改元号」がしばしば出現した。

以上のように封建時代（中・近世）における元号の性格（習慣）を抑えた場合、明治以降における一世一元制の成立は、それ以前をいかに継承し、切断したかということが問題となる。それは本稿の必ずしも主題ではないが、以下略述しておきたい。

明治天皇（後にそのように称される）は、慶応三年（一八六七）一月九日に践祚《せんそ》すると、代始改元として翌年九月八日に明治と改元した。

その時の事情は次のように記されている。

慶応四年戊辰九月八日、今日改元定云々、御代始御即位後云々、就㆓御一新㆒令㆑相㆓違従前御例㆒云々、菅清《（菅原・清原）》両流年号勘進如㆑例云々、陣儀、公卿難陳挙奏等不㆑行、輔相以下三等衆評論直奏御治

定歟、（中略）
廻文到来、御即位御大礼被レ為レ済、先例之通リ被レ為レ改二年号一候、就而者、是迄吉凶之象兆ニ随ヒ、屢改号有レ之候得共、自今御一代一号ニ被レ定候、依レ之改二慶応四年一可レ為二明治元年一旨被二仰出一候事、

九月　　　　行政官

以二別紙一千種中将被二申渡一候、仍申入候也、（「言成卿記」）

ここでは、従来の慣行のうち陣儀《じんのぎ》、公卿難陳挙奏《くぎょうなんちんきょそう》などを省略し、「直奏御治定」という形をとった。明治天皇が自らクジ引きで、候補の中から「明治」を引き当てたという。そして、「吉凶之象兆ニ随ヒ、屢改号」する従来の呪術的元号のあり方を一変し、一世一元制すなわち天皇一代の間、元号を改めないという制度を定め、これは「まえがき」の補注に記した皇室典範第十二条、登極令第二条、第三条によって後に確定した。

一世一元制採用の事情については必ずしも明らかにされ尽されているとは言えないが、その理由について、次のようなことが考えられる。

①前代の孝明天皇の代に、即位以来、二十一年の間に、弘化・嘉永・安政・万延・文久・元治・慶応と七つの元号がめまぐるしく改変された。それ故元号の普及が十分でなかった。

②幕末の一部識者の間に、このようにその折々改まる元号への批判が提起されており、その場合

明・清の一世一元制が念頭にあったと思われる。明の洪武帝《こうぶてい》が一三六八年（応安元）に即位し、従来の慣習を打破して一世一元制を制定した時の事情は、別に検討される必要がある。

③維新政府の方針、五カ条の御誓文の中の「旧来ノ陋習《ろうしゅう》ヲ破リ、天地ノ公道ニ基クヘシ」の具体化の一つであること。

④将軍に代わって、日本の統治者としての天皇を宣伝する必要があり、それには元号を一世一元として、天皇の諡号《しごう》と一致させることが有効と判断されたこと。

以上の一世一元制の採用は、従前の慣例、すなわち中・近世における元号の性格として本論文があげた①〜⑥のうち、①天皇の元号制定権と詔書形式、②国家権力の支配機構を通じての伝達は継承するが、その他も諸要素をすべて切断する。もっとも②は改元が度々行われないのでその必要性が乏しく、践祚・改元・即位《そくい》大礼《たいれい》・大嘗祭《だいじょうさい》など天皇の交代に伴う一連の諸行事のなかで、徹底的に流布させることが出来る利点を持つ。すなわち天皇が自己の元号を持って登場し、死亡とともにそれは使用されなくなり、天皇の諡号と「治世」の時代の区切りとして歴史に残ることとなる。天皇制の宣伝と永久固定化にとって好都合である。一世一元制は元号の呪術性を払拭し、それと関連した諸要素を消滅せしめた。すなわち国民に根ざしたとはいえないまでも、支配層の伝統と習慣を切断したところに一世一元制の特徴があると思う。したがって、現在の元号法制化を主張する人々の「大化以来の国民にねざした伝統的文化遺産」として元号を捉える視点は成立しないと思う。一世一元制はあくまでも明治・大正・昭和（二十年まで）と続く、大日本帝国憲法下の天皇統治権を前提とした元号制度であって、現在の日本国憲法下では受容することが出来ないものであろう。

論文中に記した文献以外に『古事類苑』一　歳時部（吉川弘文館）、森本角蔵『日本年号大観』（目黒書店）、『続群書類従』一一　公事部（続群書類従完成会）、『鷗外全集』第二十巻（岩波書店）を参照した。また、元号に関する諸論考は、永原慶二・松島栄一編『元号問題の本質』（白石書店）にまとめられ、元号法制化に反対する歴史学研究会臨時大会の成果は『歴史学研究』（四六七号）にまとめられている。併読されたい。

なお、近世史料については、峯岸賢太郎氏の御教示を得た。記して感謝したい。

（追記）　一九八九年、昭和天皇から現天皇への交替が行われ、竹下登首相のもとで「平成」元号が政令として公布された。その時、研究者の一部からは、「平」の字は平治の乱以来戦乱を忌んで使用されたことがなく、「成」の字はその中に「戈《か》」（武器）を含む故に用いられないもので、不吉な元号であるとの意見があった。しかし、これが採用されたということは、元号が全く呪術と訣別し、記号となったことを意味しているからであろう。

II　災害・戦乱と危機管理

一　網野善彦氏『無縁・公界・楽』を読む

1　『無縁・公界・楽』の魅力

本書は、網野善彦氏が長年にわたって追求し続けてきた「非農業民研究」が、「中世都市論」（『岩波講座日本歴史』中世3）、「中世の桑名について」（『名古屋大学文学部研究論集』一九七八年）の作成をきっかけに大きな構想として結実し、一挙に大系的な叙述となったものである。この成果はまた、笠松宏至・勝俣鎮夫両氏の、法という形に表現された中世社会の論理・意識を探るという中世社会の「体質論」的研究ともいうべき諸業績、あるいは西洋中世史の阿部謹也氏の一連業績、あるいは、網野氏の常民文化《じょうみんぶんか》研究所《けんきゅうじょ》勤務以来、関心を持ち続けてきた民俗学・社会人類学などの研究成果、以上三者との触れ合いのなかで生み出されてきたものと考えられる。

本書は大へん面白く、一気に読了してしまう魅力を持ったもので、読者をして知的冒険の世界へ馳《か》りたてる。そのことは周辺の友人・学生諸君などに聞いても異口同音に答えるところである。

この面白さ・魅力の原因は何か。そしてそれは同時に本書の功績に属する問題であるが、私は以下の点に求められると思う。

①　サブタイトルに「日本中世の自由と平和」とあるように、現代の課題でもあり、人類永遠の課題でもある「自由」および「平和」の問題を正面にかかげ、中世社会におけるその特有のあり方を追求し、それを貫通的な日本歴史の流れの中に、ユニークな構想をもって位置づけている。

②　歴史を現代から捉《とら》える視点を、所有―無所有の関係を基礎に、未来社会の展望をも含めて大胆に前近代史のなかに持ちこみ、原始～未来にわたる諸時代の研究者に議論を提起している。

③　都市・一揆・惣・楽市・楽座・市・金融・「職人」・寺院・墓・女性・天皇などなど、中世史研究のなかで個々ばらばらの課題として研究されてきたものを、大きく網をうち、「無縁の原理」として包括し大胆に提起している。

④　平泉澄『中世に於ける社寺と社会との関係』以来、個々には法制史研究者などによって縁切寺研究として続けられてきたアジールの問題をとりあげ、中世社会の特質研究の中に据え直した。

⑤　ヨーロッパ史・アジア史のみならず、民族学・社会人類学・文学など学際的領域からの検討を求めている。

⑥　ややもすると理論と実証の二面において、型にはまった歴史学界状況に、アンティテーゼを提出し、多くの論点を提出している。

以上の点から、本書が近年の日本中世史研究における大きな成果であり、ここから出発し考究すべき問題点は多いと思う。

すでに、本書の書評については、名古屋歴史科学研究会の合評会（『歴史の理論と教育』四七号）、阿部謹也氏の書評（『歴史学研究』四六八号）、永原慶二氏の書評（『史学雑誌』八八―六号）などがあり、本書の前提となった「中世都市論」（前掲）の「無縁」の部分に関して神田千里「中世後期における「無縁所」について」（『遥かなる中世』一号）の批判などがある。すでに各方面からの論議が進んでいる。

本稿においては、本書の魅力に取りつかれてむさぼり読んだ自分が、ふと我にかえった時、おのずから湧いて来た率直な疑問や、この本から刺激をうけ、今後自分が追求したい課題などについて順不同に触れ、書評にかえたいと思う。したがって、全体の紹介にわたる部分はすでに読者が読んでいることを前提にして最少限に留め、進めていきたいと思う。

2　「無縁」と「公界」

本書は、まえがき・あとがきと本文二三章より成る。「エンガチョ」という子供の遊びを導入として一〇章まで「縁切寺」・「駈込寺」・「無縁所」・「公界」・「楽」と各地の諸事例を遍歴し、「無縁・公界・楽」を貫ぬく「無縁の原理」を抽出し、一一章でまとめとして、「無縁の場」および「無縁の人」

の特質を⑴不入権、⑵地子・諸役免除、⑶自由通行権の保証、⑷平和領域・「平和」な集団、⑸私的隷属からの「解放」、⑹貸借関係の消滅、⑺連坐制の否定、⑻老若の組織の八点に集約している。

一二章から二一章までは、「無縁の原理」およびその諸特質の普遍化・一般化に当て、山林、市・宿、墓所、関・渡・津・泊・橋、倉庫、金融、寺社、「家」などの場所、禅律僧・時衆、勧進上人、「職人」女性、平民などにその例を見出している。

二二・二三章はまとめの終章で、この「無縁の原理」が人類史のなかでいかなる位置を占めるかを考察している。

そこでまず、網野氏の遍歴の跡をたどって、「無縁の原理」の抽出過程の問題を探ってみよう。ここでは問題は二つあると思う。その一は、「原理」という形で、認定できるのか。その二は、「無縁」、「公界」、「楽」というものが共通な「無縁の原理」に統轄できるのかということである。

網野氏は「中世都市論」においては、「公界・無縁の論理は、人民の歴史と生活におそろしく深い根を持っている」（二九五頁）とし、「中世の桑名について」では、「日本の人民は、前述したように、間違いなく自らの力で、私的な支配、隷属に対するきびしい闘いを通して、本源的な自由・平等・平和・無所有への志向に、「十楽」・「公界」・「無縁」という、自覚的・意識的な表現を与えるまでにいたった」（二三頁）と述べている。ここに「論理」、「自覚的意識的表現」から、著書の「原理」にいたる網野氏の展開の軌跡を見ることができる。そこに到達するにいたった理由は、「未開・文明を問わず、世界の諸民族のすべてに共通して存在し、作用しつづけてきた」、「人間の本質に深く関連している（二五四頁）、「無主・無所有」への志向性として捉えることを確信するにいたった。これを「原理」と抑《おさ》え、アジールも含めて、その他無縁・公界の諸事例を、原理の現象形態と理解する考えに到達したからと思われる。しかし私は十分に納得できていない。この問題は、人間そのものの本質にかかわる問題であり、多くの議論を詰めないといけないと思う。現状において、「無縁」を人類史の原理として、所与の前提において考えると、かつて、一つの仮説であるものを世界史の基本法則として疑うべからざる前提としたことの裏がえしになってしまうのではないかということをおそれる。法則とか原理ということからくるその「神聖不可侵性」が、それへの追求をにぶらせて、そこから出発させてしまうからである。私は網野氏の前稿のように、「観念」・「表現」という意識諸型態としてとらえ、それは、現実の階級関係、社会（共同体）関係の中で形成してくるものと考えたい。そして、この意識諸型態が、いかなる階級関係、社会（共同体）関係の所産なのかを追求することが、中世の思想史、社会史研究にとって重要な課題と思う。以上の点を指摘し、不十分ながら先に進みたい。

つぎに「無縁」と「公界」を同一のものと理解してよいのか、という問題である。網野氏の提示された諸史料の検討からの私の一応の結論は、次のようなものである。

無縁所（寺）は駆け入りによって「縁」の切断ができる場所である。この意味では、まさに網野氏のいうアジール（Asyl, Asyle, 避難所、「遁科屋」）である。ここで問題にされるのは「〜からの自由」という人身の自由の問題である。この場合、「縁」とはおおむね主従・親子・兄弟（親族）・夫婦に限定される。ただし親子・兄弟は擬制《ぎせい》を含む。またこれは、旦那寺《だんなでら》・氏寺《うじでら》と共存できる。すなわち、外護《げご》者から「無縁」でないということである。

これに対し公界所（寺）は、多くの場合、「敵味方ノキライナキ」というような文言に示されるように、対立する諸勢力からの平和・中立の領域である。そしてこの場合、「私」に対する「公」という観念に支えられ、氏寺・旦那寺とは、相容れない。

両者の共通点は、権力や社会によって、以上のような場として承認されていることである。その点で、権力から尊重と保護が与えられている。この場合、その保護の形すなわち不入、地子免除、徳政免許などの経済的恩典は、二次的な特徴であって、この徴証をもって「無縁」「公界」の場とすることには慎重さを要する。「無縁」「公界」であることによって与えられた特権は第二次的特徴であって、その特徴をもっているからといって、「無縁」、「公界」の場であるという逆は必ずしも成立しないのではないかと思う。

同時に、尊重という点から、諸権力から相対的な自立をしていることも共通点である。そしてこのような論理を駆使して、民衆を中心とする人々の自由・平和を部分的にせよ実現・拡大していった闘いを評価したいと思う。

以上について、若干の例証をあげたい。遠江の龍潭寺《りゅうたんじ》の場合は次の史料に示されている。

遠州井伊谷龍潭寺之事

一、彼寺為二直盛菩提所一、新地令二建立一之条、如下令二直盛寄進一時上、寺領以下末寺等迄、山林四壁竹木見伐等、堅令二停止一之事、

一、諸末寺、雖レ為二誰領中一、為二不入一不レ可レ有二相違一、然者末寺・看坊尓申付者、越訴直望二坊主職一儀、令二停止一之事、

一、門前在家棟別諸役等一切免二除之一、直盛云二私所一、云二無縁所一、不レ準二他寺一之間、可レ為二不入一事、

一、祠堂銭買地敷銭地取引米穀、国次之徳政又者地頭私徳政雖レ令二出来一、於二彼寺務一少茂不レ可レ有二相違一事、

付、地主有二非儀一、闕落之上、恩給等令二改易一者、為二新寄進一可レ有二寺務一也、

一、悪党以下号二山林一走入之処、住持尓無二其届一、於二寺中一不レ可二成敗一事、

右、条々任二直盛寄進之旨一、於二彼孫一永不レ可レ有二相違一之条、如レ件、

永禄三庚申

八月五日　　　　氏真（今川）（花押）

龍潭寺

これについて網野氏の叙述は必ずしも明快ではないが、「直盛云㆓私所㆒、云㆓無縁所㆒」という文言を入れ、この菩提所を本来の無縁所と、はっきり区別して扱っているのである（六五頁）と記し、菩提寺＝私所という点を強調し、次に「結城《ゆうき》氏《し》新法度《しんはっと》」が「公界寺」と「氏寺」を対置しているのを引用して、無縁所（寺）＝公界寺の結論を引出している。

しかし、この史料で見られるように、龍潭寺は井《い》伊《い》直盛《なおもり》の菩提所＝私所として建立された寺で、同時に「無縁所」として存在したのである。この二つの性格故に、他寺と異なる由緒を有するので、井伊直盛の上に、位置する戦国大名今川氏真《いまがわうじざね》が、本寺・末寺・看坊を含めて、①竹木伐採の禁止、②不《ふ》入《にゅう》（「門前在家棟別諸役等一切免除」）、③徳政免許、等の諸特権を与え、同時に、末寺・看坊の越訴や競《けい》望《もう》を禁じ、所領の地主（給人）が欠落の場合は、新寄進を行うこと、悪党以下が「山林と号し」走入った場合、届出なく成敗することを禁ずる、などを規定したのである。

このことから、特権付与の根拠が、「無縁所」のみでなく、井伊直盛の菩提所＝私所にもあり、そのことは、これらの特権が、必ずしも無縁所のみの属性でないことを示している。

無縁所が、その外護者と「無縁」でないことは、京都の阿弥陀寺《あみだでら》の場合にも示されている（五二〜三頁）。この寺は無縁所という性格の故に、「檀那之輩土葬」が認められ、すなわち檀那の墓所となっているのである。

網野氏が公界所として例示した相模の江島《えのしま》の場合、

江嶋坊住之儀は、公界所之事ニ候間、いつものことく有レ之、縦敵指かかり候共、其策媒可レ被レ致レ之者也、仍如レ件、

（永禄四年）辛酉　三月四日　（北条）康成（花押）

江嶋坊住へ　（岩本院文書）

とあり、永禄四年（一五六一）に越後の長尾景虎《ながおかげとら》が大挙関東に侵攻し、関東管領上杉憲政《かんとうかんれいうえすぎのりまさ》の譲りを得て、上杉政虎《まさとら》（後に謙信）と称し、関東管領就任のため、鶴岡社参《つるがおかしゃさん》を行おうとした時期である。これを迎撃する玉縄城主北条康成《たまなわじょうしゅほうじょうやすしげ》（後に氏繁）は、江嶋坊《えのしまぼう》（岩本坊か）に対し、江嶋坊が公界所であるから、たとえ敵（上杉方）が侵攻してきても、従前の通り、坊による策媒《さくばい》（政治的支配・成敗）を認める、という判物を与えているのである。すなわち、公界＝平和領域として尊重し、北条方はここを足場にして上杉と闘うことはしないということなのである。同時に、上杉方の公界の尊重さも期待しているのである。後に制札論の所で再論することであるが、この判物は、上杉の侵攻に際して戦場となるのを恐れた江嶋坊が、公界所を理由に玉縄北条氏に「平和領域」の保証を求めたことに対して与えられたものなのである。同時に上杉氏に対しても同様な請求をしたと思われるが、その文書は現存しない。

網野氏は、この「平和領域」の根拠を、江嶋の住民の主取を禁じた北条氏照掟書《ほうじょううじてるさだめがき》（岩本院文書）から「無縁」を引出し、「まさしく、江嶋は「無縁」の場だったのであり、「公界所」という言葉は、こ

の場合も、「無縁所」と同じ意味、同じ原理を表現している」（六九頁）としている。しかし、私はこの「主取《しゅどり》」の禁は、馳入《かけい》りによって縁切りの作用が発動する場合と異なると思う。むしろ公界＝平和領域であるが故に、すなわち平和・中立を維持すべき存在であるが故に、僧坊や住民が必然的に負わねばならないタブー・制約であると思う。主取りの禁止を「無縁」として、「公界」の根拠とし、「無縁」＝「公界」とする点に疑問を持つ。

同じく網野氏が「公界」の例としてあげた『永禄日記《えいろくにっき》』の例（七一頁）であるが、これは、永禄八年七月武蔵《むさし》金沢《かなざわ》の称名寺《しょうみょうじ》へ行く長楽寺《ちょうらくじ》真言院主《しんごんいんじゅ》のことにつき、院主の使者義陽《ぎよう》と新田《にった》金山城主《かなやまじょうしゅ》由《ゆ》良《ら》成繁《なりしげ》との問答のなかに出てくる。当時、北条氏と対立していた成繁の懸念に対し、義陽は「カノ地ナドハ、敵味方キライナキ公界寺ナル間、大途（北条氏）之シラベモアルマジキトカタリヲキ帰」（「長楽寺永禄日記」『群馬県史料編』中世1）。これは、網野氏の指摘するように称名寺の公界＝平和領域を示す史料である。

3　「無縁」と貸借関係

金融（債務関係）と「無縁」の原理を結びつけるためにあげた網野氏の三つの史料を検討してみよう。

長門《ながと》禅昌寺《ぜんしょうじ》に宛てた毛利元就《もうりもとなり》・輝元《てるもと》連署書状は次のように記している。

当時之事、依レ為二無縁所一、頭陀之行、祠堂米以二助力一、衆僧堪忍、国家之祈念幷修造勤行遂二其節一候之処、動或徳政、或借銭・借米等申懸之間、寺家及二退転一之由、太以無道之至候、向後於レ有二申レ妨輩一者、任二注進之旨一堅可レ加二下知一候、委細常楽寺可レ被レ仰旨候、恐々謹言、

十一月九日　輝元（花押）

元就（花押）

禅昌寺

（禅昌寺文書）

禅昌寺は、無縁所であったので衆僧の托鉢《たくはつ》を行い、その蓄積された祠堂米《しどうまい》の運用により、寺の経済を支えてきた。ところが、寺外の諸勢力から、徳政や借銭《しゃくせん》・借米《しゃくまい》を申し懸け、寺家が疲弊するので、この行為を禁じているのである。当然のことながら祠堂米が高利貸的に運用されていたので、借米している寺外者が徳政による貸借破棄を理由に返済をしなかったり、借銭・借米という理由で、無理に蓄積された米銭《べいせん》の徴発《ちょうはつ》を行っているのである。

網野氏は、徳政免許とともに「借銭・借米を追求すること」、「祠堂米銭の形で寺に寄附したものについて、借銭・借米として返済を要求する」ことを禁止したと解し、「この寺に入ると、借銭・借米は貸主から追求されない」、借銭・借米の追求禁止とし、寺内では貸借、債権・債務と縁が切れると

している（四六〜七頁）。

しかしこの解釈に若干疑問を持つ。徳政免許は徳政令からの適用を除外し、債権者である寺院の権益を保護することであり、「借銭・借米申懸」はおそらく、周辺在地領主たちが軍事費調達などのために借用という名目で行う徴発行為であろう。これを「無縁」の原理に基づく、債務の「縁切り」と拡張解釈するのは無理と思う。

同様なことは天文年間の蔵人所小舎人《くろうどどころこどねり》＝御蔵職をめぐる相論文書の解釈に見られる。この相論は、次のような系譜関係の富弘《とみひろ》と久直《ひさなお》の間で行われた。

新見山城寺 有弘
├ 孫三郎 ― **富弘**（訴人）
└ 弥三郎 忠弘 ＝ 松木 新九郎 ― 弥五郎 **久直**（論人）

新見有弘《にいみありひろ》の御蔵職は、継承者の孫三郎《まごさぶろう》が盗人に与同し斬首されるという事情で、忠弘《ただひろ》が継承し、忠弘はそれを松木新九郎《まつきしんくろう》を養子に立て譲渡した。孫三郎の子富弘は、松木新九郎・弥五郎《やごろう》久直父子が譲渡を得たにも拘《かかわ》らず、養父忠弘を無縁所に入れて餓死《がし》させた点で、継承の権利を喪失したと批難している。その間の事情を富弘の申状は次のように記している。

伯父弥三郎歓楽仕、及二迷惑一之時、彼松木於二許容一者、旧借以下可二相存一之間、為レ可二其煩遁一、既下京無縁所仁捨置訖、（網野善彦「真継文書にみる戦国期の文書」㈠、『名古屋大学文学部研究論集』一九七

四年）

忠弘の病気に際し、松木は忠弘を扶養《ふよう》していると、債権者による忠弘の借金の追求が自己に及ぶのを遁《のが》れるため、養父を無縁所に捨置いたと批難されているのである。ここでは、松木父子が忠弘と縁を切ることによって債務の追求を遁れようとしたと論難されている。松木久直は、忠弘を寺（無縁所とはいっていない）に預けたことは認めながらも、それは忠弘の意志であり、三貫文の銭を持たせ扶養していること、したがって餓死ではなく自然死であると主張しているから真偽は不明だが、ここでの論点は、御蔵職継承の根拠である養子縁組関係が、その後の養子方の養父扶養の事実があるか否か、両者の関係が縁切りとなっているか否かにある。それ故、久直は餓死の事実を否定し、その後も忠弘の借物を久直が返済し続けていることを主張している。

網野氏は、無縁所に入ると世俗の貸借関係――借銭・借米の縁が切れるとし、無縁の特徴をそこに見出している。しかし忠弘の馳入りによって切断されるのは、父子の縁であって債務関係ではないということである。そして父子の縁が断たれるが故に、養父の債権が結果的には子に及ばなくなる。この場合の養父の債権が親を無縁所に入れることによって消滅したか否かは定かではないが、必ずしも消滅しなかったのではないかと思う。

もう一つの例は、「結城氏新法度」四二条である。

忠信の跡不如意に候はゞ、我人ともに公界之義にて候、蔵方より三ケ一本も子分をも許すべし、

忠信之間、一向なすまじきこと申事は、あまり無理に候、よくよく両方此分別可ㇾ入義にて候、

（松平基則氏所蔵文書）

網野氏は、佐藤進一氏の「借手・貸手ともに、つまり金の貸借は公界（世間）的な行為であるから、金額未払いは許されない」（『中世政治社会思想』上、『日本思想大系』の補注）を援用しつつ、蔵方よりの借金は「公界之義」すなわち「無縁」の場からの貸金で、「忠信」という主従関係の「縁」は本来切れるべきであるが、例外として「宥免」の限度が定められたと、必ずしも明解でない説明を付けたのち、「蔵」（金融）＝「無縁」の結論を引き出している（二七七〜八）。

私はこの解釈に疑問を持つ。「我人ともに」の「ともに」は欠字推定で若干の不安が残るが、「我人」を佐藤氏、網野氏が借手・貸手両方と解したところに誤解の出発点があるように思われる。これは「我・人」でなくて、「吾人」と同様の一人称複数を表す語「我人《がにん》」で（参照「大原同名中掟書」）で、この場合は法制定者の結城政勝《ゆうきまさかつ》を中心とした結城家中の「われわれ」なのである。そして貸借が「公界之義」なのではなく、「忠信の跡不如意」こそが「公界之義」なのである。すなわち忠義者の子孫が、窮迫しているということは、われわれにとって放置できない由々しい「公界之義」（私事ではなく、公の問題）なのである、という政勝の「公」意識を表現したものと考える。したがって、この資料を援用して、金融＝公界＝無縁を立証することは無理と考える。

以上の点は網野氏の全体の文脈から考察するのではなく、個々の史料解釈を取り上げ、かつ即断的

な見解を記した点で、網野氏に非礼と考えるが、私の率直な疑問として御許しを願いたいと思う。

4　制札について

網野氏は、本書のなかで、多くの制札ないしそれに準ずる史料を駆使している。神田千里氏の批判（前掲論文）は、誰が誰に対して「無縁」を宣言しているのか、と問い、大名権力の庇護のもとに、無縁寺は寺外住民に敵対していることを強調した。これに対して網野氏は、大名による「無縁」の原理への介入、そこからくる「堕落」の面も認めながら、その底流をなすものを強調し、議論はすれちがったままとなっている。その議論をかみ合わせ有効なものにするためには、制札についての文書の機能論的検討が必要なのではないかと思う。

制札については、手許の古文書学の著書を開いてみると一応の説明がなされている。相田二郎『日本の古文書』上は、禁制（制札）には、下知状・判物《はんもつ》・書札様《しょさつよう》の三形式があることが述べられ、伊木寿一『日本古書学』は、法度・掟など法令的文書として、条目は概して肯定的に、禁制は否定である、としている。佐藤進一『古文書学入門』は、「法令を周知させるための制札類」は奉行人下知状が用いられる、としている。一般的に上意下達文書として捉えられ、どのような状況に対して、どのような手続で発せられるのか必ずしも明らかでない。このことを考えるためまず具体的な材料の提示から始めたい。

榛名山《はるなさん》南麓にある上野国下室田《しもむろた》の長年寺《ちょうねんじ》は、延徳三年（一四九一）に曇英慧応《どんえいえおう》を開山とし、箕輪《みのわ》城主長野《ながの》憲業《のりなり》を開基として創建された曹洞宗寺院で、次の史料から網野氏によって無縁寺として認定された寺である（三六頁）。

　壁　書

□(一)□(於)当寺縦雖二重科之者候一、御門中於レ□(入)者、不レ可レ及二成敗一事、
□(一)国中有二子細一遁世之人、不レ可レ被レ入事、
□(一)寺中之山、不レ可二切取一事、

　永正九年十月　日　　前伊豫守(長野)憲業（花押）

（長年寺文書）

ここには、「無縁」という文言《もんごん》はないが、第一条において、重科人《じゅうかにん》であっても門中《もんちゅう》に馳入りした場合、成敗してはいけないことを規定している点で、無縁所として認定されていることは明らかである。しかし、第二条で、内容は必ずしも明らかにできないが「有二子細一遁世人」（僧形の諜者か）の入寺を拒否している点は、今後の検討に委ねたい。この寺は、第七世受連《じゅれん》の時、永禄四年（一五六一）以降、国境を越えた武田信玄《たけだしんげん》の西上野侵攻に際し戦禍を蒙《こう》むる。この時の受連の痛切なる体験記が遺されている。重要な史料と考えられるので煩《はん》をいとわず全文を記しておく。

□(此)制札辛酉之歳(永禄四年)霜月廿四日、当国小幡向二国峰一、晴信(武田信玄)出張之時、直遂二参上一申請ル制札也、数箇度

箕輪於二当地一動之時者、愚僧一人当寺ニ残留テ捧二彼御判形一持、諸軍立向利《(ママ)リ》、問答ル事七ケ年也、直触《レ》レ仭《ニ》戦事一ケ度、被二剝取《ハギトラ》一事多年三度、仁馬雑物被レ取事者不レ知レ数、及二餓死一事多年、寺家門前二百余人之僧俗尽離散《シ》、於二他方《ニ》一失死《ウセス》、只吾一人終此地不レ退、臥《シ》レ山《ニ》隠《レ》レ里《ニ》守《ル》二当寺《ヲ》一、上下百里之内神社仏閣一所《モ》不レ残人境断絶《ス》、愚僧心事之苦労以二一身之稼《カセキヲ》一、此長年寺計昔之屋躰堅固《ナリ》、次之一通之判形者、同永禄六年癸亥之年十二月之五日向《ニ》二倉賀野・木部《ニ》一御陣取之時、令二参陣一重而申請御印判、此両通之以《テ》二判形一寺家無レ恙《ツツガ》相続《イツヽケ》、同永禄九年九月廿九日箕輪落居之上、晴信以二御自面一当寺々領如二前々一無二相違一渡被レ下者也、

永禄十年丁卯三月七日

受　連（花押）

（長年寺文書）

受連は、永禄四年十一月信玄が上信国境を越えて上野の小幡《おばた》・国峰《くにみね》に侵入した時、長年寺から十八キロメートル離れた地に出向き、制札を申請けている。この制札は「当手甲乙之軍勢於二彼寺中一乱妨狼藉破却之事停止」という一般的なものである。受連が肌身離さず五年間持ち続けた汗と手垢にまみれた本書は現存せず、今日では写しが残されている。受連は、箕輪城周辺への侵攻を予想し遠路を凌《しの》いで事前に制札を得て待つほどに、やがて武田軍が長年寺周辺に進撃してくる。長年寺は、「無縁寺」ではあったが、「敵味方キライナキ公界寺」ではなかった。受連はただ一人信玄の制札を手にかざし五年間、箕輪落城まであらゆる危難に耐えて寺を守り抜いたのである。この間、箕輪城下ともいうべき倉賀野《くらがの》・木部陣《きべのじん》において永禄六年に再び制札の再交付を受けている。この記録は、受連の寺を守っ

た労功を自ら記述したものであるが、また制札の機能を余すところなく伝えている。制札は一方的に権力から下付されるものでなく、要求によって、もちろん礼銭納付を必要とすると思われるが、給付されるのである。そして一人の非力な住持といえども、身命を堵して努力するならば、制札がかなりの効力を生むことを示している。制札は、このように要求する主体、交付する権力、提示される客体の三者があり、これが効力を生むか否かは、制札を要求する主体の営為（闘争）の力量にかかっていると思うのである。

　このような事例は、畿内においても検出できる。和泉国《いずみのくに》日《ひ》根野《ねのの》荘《しょう》入山《いりやま》田《だ》村《むら》は、文亀二年（一五〇二）八月、紀州根来寺《ねごろじ》等の勢力と和泉守護細川氏の抗争の切りむすぶ地域にあたって、事態は風雲急を告げていた。根来寺方の武将佐《さ》藤惣《とうそう》兵《べ》衛尉《えのじょう》が二百人ほどの軍勢を率いて入山田村に侵入して来て槌丸《つちまる》という所に陣をとった。当時在荘していた前関白九条政基《くじょうまさもと》は、村民に追却を命じたが、村民は軽卒に追却すれば、以後根来・粉川《こかわ》方面への出入を止められ商業活動に支障をきたすし、といって在陣を許容すれば守護方に敵対することになり、守護方の攻撃対象となって、戦禍に巻きこまれてしまう、ということで評議を重ねた。結局、入山田村番頭らは根本寺大伝法院の支配機構の「惣分」に働きかけ、次のような制札を得ている。

禁　制

一、於㆓入山田庄内（ママ）㆒甲乙人等不㆑可㆑構㆓陣所㆒事、

一、同不レ可レ有二乱妨狼藉一之事、

右当庄者、九条太閤様御領也、就レ中根来寺与当所数年令二契約一間定二置之一、若有下背二此旨一輩上者、為二惣分一堅可レ加二成敗一者也、仍衆議如レ件、

文亀弐年九月七日

大伝法院行人若衆沙汰所

勢尊判

同老衆沙汰所

秀筭判

この制礼を佐藤惣兵衛尉方に提示することによって、彼らを退去させることが出来た（『政基公旅引付』）。

この場合、制礼を要求・申請する主体は入山田村民で、交付する権力は根来寺の本山で、提示される客体は、根来寺遠征軍の一部である。村を平和・中立の領域にし、村を戦禍から守る村民の努力が、申請→交付→提示という段階を踏むことによって制札の実効を生むことになったのである。この場合、村民の制札の獲得以前の努力、その獲得のための努力など、平和維持のためのねばり強い闘争があることを銘記しなければならない。ここに網野氏のいう「公界」の場を作り出す民衆の力を見ることが

できる。制札はただ一方的に上部権力から下されるものだけのものではなく、また制札だけあっても必ずしも「公界」の領域が守られるとは限らない。

こう見てくると、寺社などで多量の制札が保存されていることの意味が解明する。以下の表は、真宗寺内町として著名な河内富田林寺内《かわちとんだばやしじない》に宛てられた、安見・湯川・畠山らの紀州勢力、三好・松永らの阿波・畿内勢力、織田・徳川氏らの統一権力の制札を年次を逐って、内容分類を表記したものである。富田林の背後には、河内の要衝高屋城《たかやじょう》があり、この方面の政治・軍事情勢は紀州勢力と三好勢力のこの城の争奪をめぐって展開された。

制札の要求主体は、名目的には真宗富田林道場（後に興正寺）であるが、事実上は、周辺四ケ村より入り、永禄三年にこの寺内町を開発・設立した八人の年寄（八人衆）を中心とする寺内町住民である。彼等は、時の支配権力である安見直政《やすみなおまさ》に要求して、石山本願寺《いしやまほんがんじ》寺内の例にならって、六つの寺内町特権を明示した制札を獲得した。この背景には、本願寺の働きかけもあったと思われる。この制札は、周辺の諸政治権力、商工業の座、その他この寺内町とさまざまな関係を取り結ぶ商人・手工業者・農民に対するもので、この寺内が事実上の楽市・楽座化したことを意味する。このような「都市法」の要素を持つ制札は、①→⑨→⑫→⑬→⑭とその時々の権力に、前例をもとにして先判を示しながら、再交付を受け、その都度特権（既得権）の確認をしているのが、⑭の織田政権下で著しく特権が縮小されている点が注目される。

表3　富田林寺内宛制札一覧

番号	年月日	内容	発給者	出典・備考
①	永禄3・3	公・徳・座・国・付・大	安見美作守直政	由緒書
②	永禄3・6	乱・竹・矢（?）（本文なし）	三好山城守康長	由緒書
③	永禄3・7・7	乱・竹・矢	三好下野守政康	文書
④	永禄3・7	乱・竹・矢	沙弥宗繁	由緒書
⑤	永禄3・7	乱・竹・矢・火	十河民部大夫一存	文書
⑥	永禄3・7	乱・竹・火	沙弥実休（三好之康）	文書
⑦	永禄3・7	乱・竹・火	三好修理大夫長慶	文書
⑧	永禄3・9	乱・竹・喧	松永弾正少弼久秀	文書
⑨	永禄4・6	大・国・付・座	三好山城守長慶	由緒書
⑩	永禄4・9・13	乱・竹・天	湯川直光	由緒書
⑪	永禄4・9	乱・竹・矢	畠山高政	文書
⑫	永禄5・8	公・徳・国・付・座・惣	三好長慶以下六名	越中聞名寺文書、富田林宛と推定
⑬	永禄11・10・1	寺内制札異議なし	佐久間信盛以下四名	由緒書
⑭	天正6・10	付・国	佐久間信盛・同甚九郎	文書
⑮	慶長5・9・21	乱・火・妻	徳川家康	文書
⑯	慶長20・5・2	乱・竹・火	徳川秀忠	文書

（略号）公＝諸公事　徳＝徳政　国＝国質・所質　付＝付沙汰・付公事　座＝座公事　大＝寺中之儀大坂並　惣＝寺法之儀惣国寺内並　乱＝甲乙人乱妨狼籍　竹＝竹木伐採　矢＝矢銭兵粮米　喧＝喧嘩口論　火＝放火　陣＝陣取　妻＝妻子・牛馬取（以上いずれも免許あるいは停止）

文書＝興正寺文書　由緒書＝興正寺由緒書（『富田林市誌』『富田林市史』）

これとは別系統の、軍隊の侵攻・交戦による被害防止にかかわる一連の制札がある（②〜⑧、⑩⑪⑮⑯）。⑬はそのどちらにもまたがる内容である。この二様の制札のうち、富田林寺内の都市的性格の故に、前者の系統の制札がとくに重要な意味を付加されているのである。

もちろん制札は、寺社や住民の要求によって無条件に発給されるものではない。礼銭の納付はともかくとしても、そこには支配権力の意図がある程度作用する。文面に盛られた一見変哲のない内容のなかに寺内の盛衰をかけたこの住民の闘争の跡が刻まれていると思う。

寺内町は、網野氏によって「公界」ないし「楽」の世界として位置づけられ、新たな視点から研究を深める展望が出て来た。網野氏の見解に対比して、この制札論とのかかわりにおける私の主張のポイントは、「公界」とか「楽」という論理・意識に依拠して、中世社会の支配をこじ開けて、それなりの「自由」や「平和」を実現して来た民衆を中心とする人々の闘争およびその達成を評価していきたいということである。

さて東国に目を転ずると、この頃、北条氏勢力圏の北関東において、制札は「カバイ」の御印判と呼ばれていた。「カバイ」は、「加倍」、「加媒」、「加陪」、「嘉倍」（以上鑁阿寺文書）、「加敗」（結城寺文書）などとさまざまな文字で記され、すでに冨田勝治・高木昭作の両氏によって注目されている。「カバイ」は「庇護する」という意味の「庇《かば》う」からきていると思う。

天正十三年頃、古河《こが》公方《くぼう》足利義氏《あしかがよしうじ》の奉行人芳春院松嶺《ほうしゅんいんしょうれい》は、鑁阿寺金剛乗院（この年の年行事か）に

書状を送り、

其元加媒之儀、去秋蒙レ仰之間、御陣下へ之書状、相調進置候処、横合故相違之所、無二其曲一候、然而以二学校之手筋一被二相調一候由、肝要候、依レ之御礼物被二相届一度由候而、被二指越一候、雖二遠慮候一、蒙レ仰之間、尤以二小池肥前一鉢形相届可レ申候、（鑁阿寺文書二八四『栃木県史』史料編中世二）

と述べている。鑁阿寺が北条氏の制札を得ることに関し、古河公方の奉行人（松嶺や小池肥前守）が仲介し、また「学校之手筋」（足利学校庠主の手づる）を利用せよ、とか礼物を鉢形城《はちがたじょう》に届けろとか申し送っている。しかし鑁阿寺は北条氏の侵攻に際し、御印判（制札）もなく、僧衆も逃亡して在寺せず、寺院は破壊・略奪にあってしまう（鑁阿寺文書五八一など）。先に述べた長年寺の場合と異なり、印判も闘争主体もなければ、いかなる由緒ある古刹も破壊の危険にあった例を示している。

大名権力と寺院との間にはこのような「加倍之御印判」という形に表現される保護・被保護関係が成立する。これに依拠して、寺院は門と垣ないし堀に囲まれた寺城を平和・中世の領域にしようと必死に最大な努力を傾けるのである。

以上、いくつかの事例をあげて、制札の授受関係およびその機能について述べてきた。その例示に見られるように、制札を要求する主体が、寺院そのものなのか、または門前・小者などの住民を含みこむものなのか、あるいは寺内町に見られるように実質的に住民そのものなのかは重要な問題で、そのことは制札の果《はた》すその後の役割と利害関係と密接に関連する。そして、その主体が、「公界」の論理を武器にして、もちろん保護・被保護関係のもたれ合いを前提としてのことであるが、支配権力（これも大名権力と中小在地権力と一枚岩ではない）との闘争を通じて、いかなる「自由」や「平和・中立」の場を実現するのかは、主体の力量にかかっているのであって、それは「無縁の原理」という所与の前提としてあるのではないと思う。

（付記）本稿は、一九七九年三月三〇日東京歴史科学研究会前近代史部会の、報告に基づくものであるが、時間とスペースの関係から後半は他日を期したいと思う。

（追記）「カバイ」の御印判については、冨田勝治氏から質問を受け思案を廻らしていた折、その語義について高木昭作氏に御教示を得た。その後高木氏は、「関東戦国文書の二、三の用語」（『栃木県史研究』二四号、一九八三年）に発表した。

二　戦国時代の制札とその機能

1　制札と古文書学

「戦国時代の制札」ということですが、ここでいう戦国時代というのは、関東の戦国時代の終末が天正十八年（一五九〇）なのでこうしてありますが、戦国・織豊期と言い換えてもいいと思います。それから制札については高札とか定書とか、他にもいろいろな名称がありますが、全てを制札という形でくくって話をすすめます[1]。

二〇年くらい前になりますが、一九七一年に佐藤進一氏が『古文書学入門[2]』を出された時に、その中で古文書学とはいったい何をする学問か、という課題を出しています。そして、古文書学《こもんじょ》は「文書史の研究、文書の歴史の研究である」とし、さらに「文書の歴史というのは文書の機能の歴史を明らかにすること、機能を軸に各時代の文書体系とその史的展開をあきらかにすること、それが古文書学の骨格に座らなければならない」ということを序文でも言い、最後の結論の部分でも言っています。

これは短い文章ですが、非常に味わい深い文章です。佐藤氏の提起の通り古文書学は、文書の機能論を軸に展開する必要があると思います。確かに古文書学は当然様式論をおさえなくてはなりませんが、様式論から機能論ということで機能論が最終的な問題になってくるでしょう。佐藤氏の提起以来、このことが多くの人々の脳裏にあって、古文書学の機能論的研究がすすんできたと思っております。それで今回二〇年の長きにわたって続いてきた駒澤大学大学院の史学会によばれた時に、この話をしてみようと思っておりました。以下の話は私がずっと以前からやってきた仕事で、折に触れていろいろな所で話たりもしたもので、最後にたどりついたのがこの今日の会ということです。最近古文書学会の研究会でお話したこともあり、重複するかと思いますが、ご勘弁願いたいと思います。

2　武田信玄の西上野侵攻——下室田長年寺受連の奮闘——

この制札《せいさつ》というのは、中世の古文書の調査をしますと、いっぱいあるわけです。寺社とか村落・町などに残っていて、文面は何の変哲もない単純な文章です。

①　長年寺文書（群馬県群馬郡下室田長年寺所蔵）

a　武田信玄制札

（龍朱印）
◯　高札

当手甲乙之軍勢、於二于彼寺中一乱妨狼藉破却之事、停二止之一畢、若背二制止一者、可レ行二罪科一者
也、仍如レ件、
永禄六年癸亥
十二月五日

ともかく乱暴狼藉《ろうぜき》はいけない、乱暴狼藉をやった者は厳罰に処すという趣旨が書いてあります。こういう文章がいっぱいあるわけで、何でこういうものを寺社などが後生大事に持ち続けていたのだろうか、という事を考えました。こういう制札を見ると、この場合は武田信玄《たけだしんげん》の制札（ここでは高札と書かれてある）で、武田信玄の龍の朱印が、右端の所に押してありまして、武田信玄は長年寺《ちょうねんじ》にやってきたんだな、長年寺にやってきてこの寺に乱暴狼藉禁止という命令を出した。そして長年寺という寺に少なくとも在陣した、あるいは長年寺そのものではないにしても、その近くに在陣したものだという在陣証明ということをずっと私は考えていたわけです。そういう常識だったと思います。これは一箇条制札という、乱暴狼藉の停止という一ヵ条のみの制札です。文章はかなりワンパターンというか、ほとんど似たような文章です。そして、いろいろな史料集などを見てみますと、禁制《きんぜい》を発給するとか、禁制を下すとか、禁制を掲げるとかいうことで、年表などには武田信玄は何年何月何日どこそこに禁制を掲げたということで出ております。禁制とは掲げる物だと思っていたわけです。イメージとしては立札にして、紙を貼りつけたり、筆で書写したりする。こういうイメージを強くもっておりました。

ところが、一九七〇年代に『群馬県史』編さんの史料探訪を行った時、群馬県榛名町下室田《はるなまちしもむろだ》の長年寺、榛名山《はるなさん》の南西側斜面にある曹洞宗の寺で、ここにあります二つの文書、制札（史料①a）と「長年寺住持受連覚書《ちょうねんじじゅうじじゅれんおぼえがき》」（史料①b）という文書に目をとめたわけです。これらの文書群は重なりあって上部が火災の時に一部焼けているのですが、幸いにほとんど解読ができます。（返り点、送りがなは原文書のまま）

b長年寺住持受連覚書

□(此)制札、辛酉(永禄四年)之歳霜月廿四日、当国小幡(甘楽町)向国峰(甘楽町)、晴信御出張之時、直遂参上、申請《ル》制札也、数箇度箕輪於当地動之時者、愚僧一人当寺残留《ニテ》、捧彼御判形持、諸軍立向利《リ》、問答スル事七ヶ年也、直觸《レ》レ仭ニ戦事一ヶ度、被ニ剝執《ハギトラ》一事三度、仁馬雑物被取事者不知数、及餓死事両年、寺家門前二百餘人之僧俗、尽離散《シ》、於他方失《ニウセ》死《ス》、只吾一人終此地不退、臥《シ》レ山隠《レ》レ里《ニ》、守《ル》ニ当寺《ヲ》一、上下百里之内、神社仏閣一所モ不残、人境断絶《ス》、愚僧心事之劬労、以ニ一身之稼《カセキヲ》一、此長年寺計、昔之屋体堅固《ナリ》、次之一通之判形者、同永禄六年癸亥之年十二月之五日《ニ》、向倉賀野(高崎市)、木部(高崎市)ニ御陣取之時令参陣、重而申請御印判、此両通之以《テ》ニ判形一、寺家無《ク》レ恙《ツツカ》相続《イツヽケ》、同永禄九年九月廿九日ニ箕輪(箕郷町)落居之上、晴信以御自面、当寺々領如前々無相違渡被下者也、

永禄十年丁卯三月七日

受連（花押）

「覚書」は末尾に「永禄十年丁卯三月七日」と日付が明白です。実はこれを見た時は目から鱗《うろこ》が落

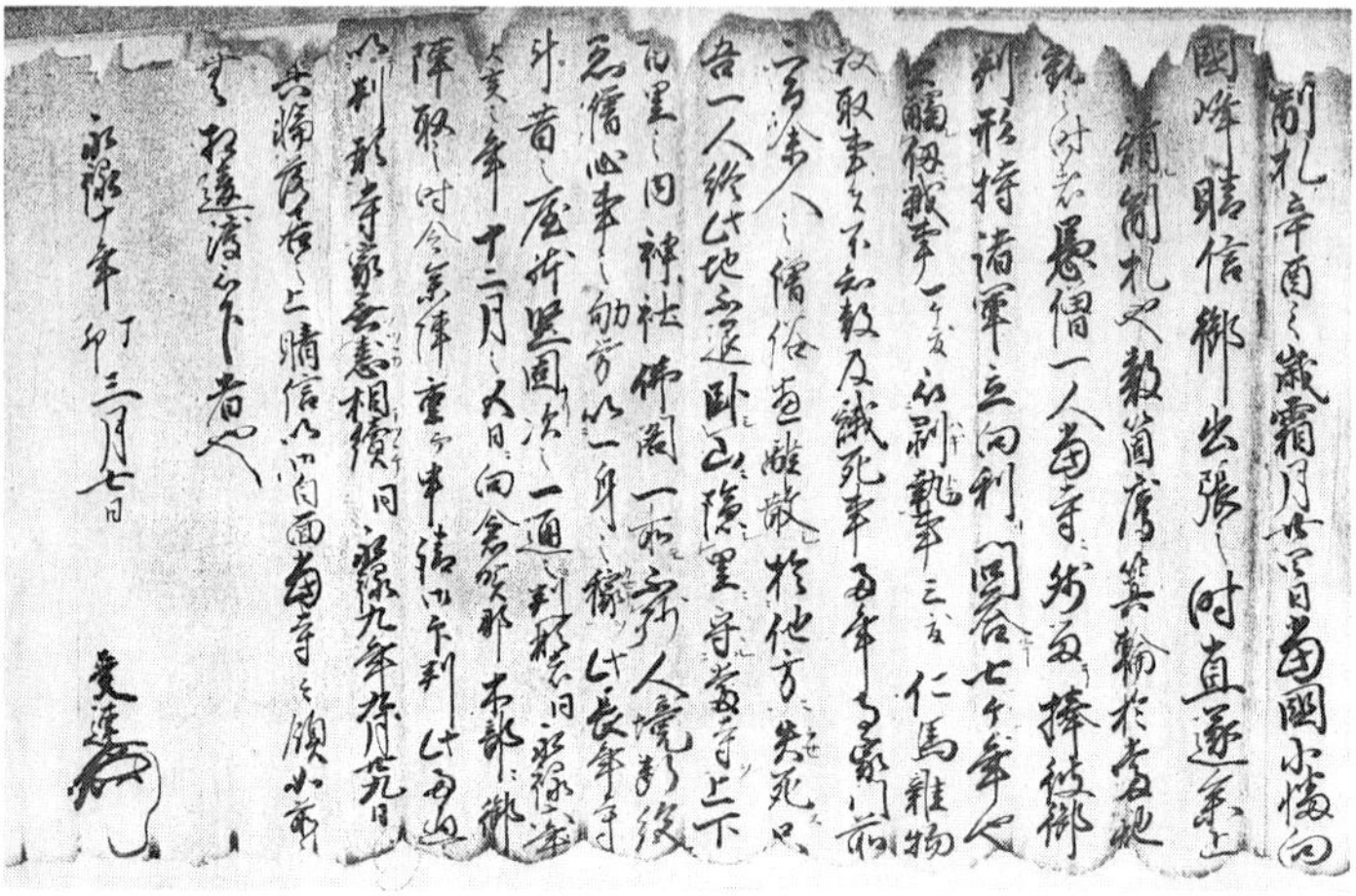

図6　群馬県群馬郡榛名町下室田　長年寺文書

ちる思いでした。この「覚書」の中身ですが、次のような事が書いてあります。冒頭に「此制札、辛酉之歳霜月廿四日」とあり、すなわち永禄四年（一五六一）の十一月二十四日、上野国の国峰城《くにみねじょう》攻めに武田信玄が軍勢を引きつれて、碓氷峠《うすいとうげ》を越えて小幡《おばた》にやってきた時に、ただちに参上して申請けた制札である、というように書いてあります。要するに長年寺の住持が武田信玄の陣所までもらいに行ったというのです。長年寺から甘楽郡の小幡までは一八キロぐらいの距離です。信玄が小幡に張陣して国峰城を攻めるため国境を越えてやってきたという情報をいち早く耳にして、受連は夜か昼かわかりませんが、とんでいったのです。そしてその制札をもらってきて、待ちうけていると、やがてその武田軍がやって来る。それ以降、何度も何度も侵攻して来る軍勢が来た時、多くの人は恐れをなして逃げ去ってし

料金受取人払郵便

本郷局承認

8761

差出有効期間
平成29年7月
31日まで

郵便はがき

113-8790

251

東京都文京区本郷7丁目2番8号

吉川弘文館 行

愛読者カード

本書をお買い上げいただきまして、まことにありがとうございました。このハガキを、小社へのご意見またはご注文にご利用下さい。

お買上**書名**

＊本書に関するご感想、ご批判をお聞かせ下さい。

＊出版を希望するテーマ・執筆者名をお聞かせ下さい。

お買上 書店名	区市町	書店

ご氏名《ふりがな》		年齢　　歳	男・女
〒□□□-□□□□		電話	
ご住所			
ご職業		所属学会等	
ご購読新聞名		ご購読雑誌名	

今後、吉川弘文館の「新刊案内」等をお送りいたします(年に数回を予定)。
ご承諾いただける方は右の□の中に✓をご記入ください。　□

注文書

月　　日

書　　名	定　価	部　数
	円	部
	円	部
	円	部
	円	部
	円	部

配本は、○印を付けた方法にして下さい。

イ. 下記書店へ配本して下さい。
(直接書店にお渡し下さい)

(書店・取次帖合印)

書店様へ＝書店帖合印を捺印下さい。

ロ. 直接送本して下さい。
代金（書籍代＋送料・手数料）は、お届けの際に現品と引換えにお支払下さい。送料・手数料は、書籍代計1,500円未満530円、1,500円以上230円です（いずれも税込）。

＊お急ぎのご注文には電話、FAXもご利用ください。
電話 03－3813－9151(代)
FAX 03－3812－3544

まうわけです。しかし、受連一人は寺に残留してこの「御判形」(制札)を持って、諸軍に立向い七ヵ年にわたり問答したというのです。この制札を自分で肌身離さず持っていて、軍隊がやってくる毎《ごと》にそれを示して、押し問答を繰り返したというのです。侵攻した武田軍が食料や女を求め、寺に立て籠《こも》ろうとしたり、あるいは寺や山門の材木を取って焚火《たきび》にしようとしたりするとか、いろいろ乱暴をやるわけです。その度ごとに制札を示してその行為を制止するわけです。その間、直接合戦の場に遭遇することが一回、剝《は》ぎ取られること三回、人馬や雑物を奪われることは数限りなく、餓死《がし》寸前になること二年、寺家門前《じけもんぜん》二百余人の僧俗、ことごとく離散し、どこかに行ってしまう中で、自分一人が最後までこの地を退《しりぞ》かず、周辺の山里に隠れ住み、この寺を守った。広い地域には社寺が一つも残らず、人がいないなかで受連の苦労とその働きによって、この長年寺ばかりか、以前の建物が保持できた、と言っています。永禄四年からはじまって永禄十年に至る約七年間この自分の寺を守り続けたという苦労話なのです。なお、この時期の武田信玄の西上野《にしこうずけ》侵攻は、上杉方の有力武将箕輪城主長野業盛《ながのなりもり》の撃砕《げきさい》を目標にしていたのです。

また次のように書いています。次の一通の「判形」は、永禄六年癸亥之年十二月五日、倉賀野《くらがの》攻めのため、信玄が木部《きべ》に陣を取った時に参陣してもらって来たというのです。戦争が拡大してきて長野氏の本城箕輪城に迫っていくわけですが、その支城高崎市の倉賀野城攻めの時に下室田からおよそ六、七キロある木部陣に行って、二通目の制札をもらってきているのです。この二通の「判形」をもって、寺家を無事に保持することが出来たというのです。最初の一通の原文書は寺に残っていなくて、この史料①ａの永禄六年の制札は二通目のものです。おそらく一通目は肌身離さずもっていてぼろぼろになってしまったか、あるいは長年寺の火災の時に焼けてしまったか、現在その写しがあります。そして遂に、永禄九年九月二十九日箕輪が落城した時、信玄に「御自面」ということで直接拝謁し寺領は前々のように相違ないという安堵を受けています。まとめて言いますと、まず制札を二回もらってきて、その制札で武田軍と立ち向かって寺を守った。やがて箕輪城が落ちた時に武田信玄にお目にかかって、寺領の安堵《あんど》を得たということです。信玄との関係では、①制札下付、②拝謁、それから③寺領安堵、そういう三段階があって、前領主の長野氏から新領主武田氏への支配の移行が完了したのです。

3　求めよ、さらば与えられん——礼銭上納と制札下付——

室田の長年寺は前城主の長野氏と関係が深く、長野氏の建立に成る一種の菩提寺といっていいでしょう。こういう寺ですから、自分の檀那《だんな》の長野氏を攻めている武田信玄のもとへ、寺の住持が走っていって、寺を保護する制札をもらってくるということは、一体どういう行為なんだろうか。おそらく長野氏がそれを聞いたらば、嘆くでしょうし、住持に対する不信感を招くでしょう。ですから白昼堂々と武田信玄の陣所に駆けこんでもらってくるというのではなく、夜間にこっそりと走っていってもらっきた可能性が強く、またもらってきたものを門前に堂々と掲げるということをしたならば、真剣になって防衛戦をしている長野氏の軍隊からどういう扱いを受けるかわからないから、もらってきてもそれはあまり人に見せるようなものではなかったのでしょう。この史料によって私の制札観は変わったのです。制札というのは、下からもらいにいくものであり、もらいに行った場合におそらくかなりの礼銭を支払うのではないか、銭ばかりでなく食料とかいろいろなみやげ物を持っていってもらってくるものではないかと考えたわけです。そこで「求めよ、さらば与えられん」と記したのは、そういう主体的な営み、すなわち自分の方から要求してもらってくるもので、制札は上から降ってくるものではない、という理解だったわけです。

たまたまそんな時に、網野善彦さんの『無縁・公界・楽』（平凡社）という本が出たわけです。その書評を東京歴史科学研究会の前近代史部会でやらざるをえないはめになって、深谷克己さんといっしょにやったのです。その時に、「無縁」ということを無疑の前提に単に無縁だということで、そこにアジールが成立し、アジールだからといって、その場が守られるものではない。やはりそこには自力の営みで守らなければ、守れないのであって、一般的に無縁ということで、そういう不入権が確立しているかのようにいう網野説は、いささか中世の当時の状況にそぐわないのではないかと私は批判を述べました。その批判の素材にこの制札論を導入したのです。この長年寺は網野さんによって無縁の「公界寺」とされていたので、制札によって寺を守る人間の営みというもの、寺ばかりではなくて制札は村にも出ますから、そういう在所を守る人々の営み、下から制札をもらってくるという営みを強調したのです。後で気がつくのですが、制札の下付要求は自分が発見したように思っていたのですが、実はそうではなく、相田二郎さんの「織田氏並びに豊臣氏の古文書」という中で、制札というのは、むしろ大名に迫ってもらってくるものだということが、事例をあげて展開はされていませんが、既に述べられていました。こういう制札をもらいに行くという事をあわせて考えてみますと、そのことを示すいろいろな史料が出てくるというわけです。しかも、そのもらいに行く時にただではもらいに行けない、礼銭を払う一種の「礼銭構造」というものが浮かび上がってきます。大久保俊昭さんの「戦国大名文章にみる『禁制』の研究——今川氏を実例として——」の中に引用していることですが、次のルイス・フロイスの『日本史』の中に見られます。

②　ルイス・フロイス『日本史』八三章

永禄十一年（一五六八）九月

六条（本国寺）の僧侶たちは、信長《のぶなが》が公方様をみやこにつれて来るであろうということを知ると、その軍隊がみやこに来る時に、有名であり、今まで何も被害を受けず、そっくりそのままであった彼等の寺院が、何等煩累《はんるい》を被《こうむ》らず宿舎を割当てられることがないように特許状を得るために、彼等は早手廻しに美濃尾張《みのおわり》の国へ行った。そのために、彼等は多額の銀を費し、その禁制を持ってたいそう満足して家に戻って来て、これで安全を確保したと思っていた。

六条本国寺《ろくじょうほんこくじ》の僧侶たちが、信長が足利義昭《あしかがよしあき》を奉じて入京する直前に、軍勢の宿舎を割り当てられることがないよう特許状を得るために、彼等は早手廻しに美濃・尾張国へ行き、多額の銀を費やし、その禁制を持ってたいそう満足して家に戻って来て、これで安全を確保したと思っていた、と記されています。かなり財力のある京都の日蓮宗の寺の僧侶たちは、出陣間近の美濃・尾張国まで行って信長から制札を多額の銀と引き換えにもらってくるということが明らかにされています。このようなことが当時一般的に行われていたことが想定されます。

第八回の「東寺百合文書展―戦国時代の東寺―」という一九九一年の展覧会の展示史料に、制札史料がありました。

③　東寺百合文書（第八回東寺百合文書展『戦国時代の東寺』）

a　細川晴元制札（飯尾為清奉）

禁制　東寺

一、軍勢甲乙人乱妨狼藉事、

一、相懸矢銭兵狼米事、

一、陣取・寄宿・剪採竹木事、付放火事

右条々、堅被㆓停止㆒訖、若有㆓違犯之輩㆒者、速可㆑被㆑処㆓厳科㆒之由、依㆑仰下知如㆑件、

天文十九年（一五五〇）三月廿六日　越前守三善（飯尾為清）（花押）

b　飯尾為清書状

（封紙ウワ書）
「東宝　貴報　　飯尾
　　　　　　　　為清」

（本紙紙背墨引）
尚々毎事御用承可レ致二馳走一候、前懸衆へも明日我々より以二書状一可二申遣一候、不レ可レ有二聊尓別儀一も可二御心安一候、取乱一筆申入候、制札銭事、下野殿（三好政康）かたへ可レ被二渡遣一之由、心得申候、

就二当寺制札之儀一、惣寺御申状、即被露申候処、被レ成二御心得一由候条、調二進之一候、御著陣候者、即巻数可レ被レ参之事、可レ然存候、明日者必定御進発候、何も重而可二申入一候条、不レ能二巨細一候、
恐々謹言、

（天文十九）
三月廿六日　　（飯尾）為清（花押）

（祐重）
宝厳院貴報

天文十九年（一五五〇）に、細川晴元《ほそかわはるもと》と三好長慶《みよしながよし》が合戦をするということを聞き込んで、三ヵ状の制札を東寺《とうじ》は細川晴元方からもってくる。この制札は、①軍勢甲乙人の乱暴狼藉、②矢銭・兵粮米を相懸ける、③陣取・寄宿、竹木を剪採《きりと》る、付けたり、放火、などを禁止する三ヵ状である。「禁制三ヵ状」というのは唐の高祖《こうそ》以来の故事に基づき、法文を三ヵ状にしなければならないという慣習があ

って、三ヵ状にするために、「放火」は③の付けたりで処理されている。東寺に下された禁制は、飯《いい》尾《お》為清《ためきよ》という奉者による「仰せによって下知件のごとし」という奉書形式で、細川晴元禁制が出されています。それと同時にその飯尾為清が、この禁制の交付について、書状を東寺の宝厳院《ほうげんいん》祐重《ゆうちょう》に書き、その中で「制札銭の事、下野殿かたへ、渡し遣されるべきの由、心得申候」というように言って、既に受け取った制札銭を下野殿《しもつけどの》（三好政康）方に渡すと言っています。それ故いくらかわかりませんが、細川晴元は制札銭を受け取って、制札を東寺に渡しており、また晴元の部将への配分も行われているということがわかるわけです。だいたいの相場は決まっていたようですが、なかなか額の問題がうまくつかめないのです。そういう礼儀と引き替えに制札が出されるのが常識化していたと思います。

次に武蔵国南品河《しながわ》の妙国寺《みょうこくじ》の事例を検討いたします。これも日蓮宗の寺で、八点の制札を所蔵しています。

④　各種の制札（南品川天妙国寺所蔵）

a 北条氏綱制札

制札　妙国寺

右、於当寺当手軍勢甲乙人等濫妨狼藉之事、停㆓止之㆒事

若至㆓于違犯輩㆒者、可㆑処㆓罪科㆒状如㆑件、

大永四年（一五二四）正月十二日（北条氏綱）（花押）

b 扇谷上杉朝興制札

禁制（花押）

於㆓妙国寺㆒軍勢

甲乙人等、濫妨
　狼藉之事、
右、至二于違犯之輩一者可レ処二
罪科之状如レ件、
　大永四年（一五二四）七月　日

c 伊奈盛泰制札

　制札　妙国寺
右、当手之軍勢甲乙人等
濫妨狼藉堅令二停止一畢、若
有二違犯輩一者、可レ処二罪科一
者也、仍如レ件、
　永正十四年（一五一七）丁丑壬十月日　弾正忠（伊奈盛泰）
　（花押）

d 難波田正直制札

　禁制
於二品川妙国寺一、当手
軍勢甲乙等濫
　妨狼藉之事、
右、至二于違犯之輩一者、可レ被レ
処二罪科一之状如レ件、
　天文弐年（一五三三）八月日　（花押）
　弾正左衛門尉（難波田正直）

e 扇谷上杉朝定制札

　禁制
於二品川妙国寺一軍
勢甲乙人等濫妨狼
藉之事
右、至二于違犯之輩一者、
可レ処二罪科一之状如レ件、
　天文十年（一五四一）丁丑十月日（花押）（上杉朝定）

f 武田氏制札

　禁制

右、当手甲乙人□(等)、
於二妙国寺家中一濫
妨狼藉不(可脱カ)レ致レ之、若有二
違犯之輩一者、可レ被レ□(処)二
罪科一之状、如レ件、
(大永六年・一五二六)五月廿六日　源（花押）

g 里見義豊制札（正木通綱奉）

禁制
右、当手之軍勢甲乙
人等、於二妙国寺一、濫妨狼
藉之事、若有二違犯輩一、
者、可レ被レ処二罪科一之状、依レ仰
如レ件、
大永六年(一五二六)五月　日　大膳亮(正木通綱)（花押）

h 太田資正制札

制札
於二品川妙国寺一
当手之軍勢甲乙人等
濫妨狼藉之事
右、至二于違犯輩一者、
可レ処二罪科一状如レ件、
永禄三年庚甲
十二月日　資正(太田)（花押）

品河は、港町で、東海道の宿駅でもあり、陸上・水上交通の拠点であったから、品河を誰が支配するかということは、当時の諸勢力の最大の関心事でした。北条氏もいち早く品河の掌握《しょうあく》に乗り出すし、北条氏に品河を奪取された扇谷《おおぎがやつ》上杉氏も何とかして品河を奪い返そうとして、長年にわたってその機をうかがっていました。こういう係争の場所ですから、この品河に住んでいる人は安心していられないわけです。軍隊の侵攻が予想されると、その武将の許《もと》に駆け込んでいって、制札をもらってきて、待ちうけるということで、安全の確保をはかっていたわけです。ですから寺社や町は何枚も制札を持っていて、当該の軍隊が侵攻してきたら、その制札を示して、乱暴狼藉を抑止するのです。そのために、北条・扇谷上杉氏・里見氏などあらゆる状況に対応できる多様な制札が集積されているのです。ここに史料④a～h八枚の制札を示してあります。制札には大名の癖があって、扇谷上杉氏の制札は、b（上杉朝興）・d（難波田正直・扇谷上杉氏の重臣）・e（上杉朝定）・h（太田資正）でh以外は「禁制」と書いています。その次に、三字下げぐらいで三行に「妙国寺において軍勢甲乙人等…事」と記し、さらに「右」と受けて、罪科文言が記してあります。すなわち、事書《ことがき》の部分の三行が下がって記しているのが扇谷上杉型の制札です。それに対して、北条氏の制札は、a（北条氏綱）とc（伊奈弾正忠盛泰、氏綱の家臣）です。佐藤進一氏がよく似ている北条早雲《ほうじょうそううん》花押（aとも酷似）とbの花押を比較して、北条氏に敗れた扇谷上杉朝興《ともおき》が北条氏に勝利するために、敵の花押に似せて自分の花押を作ったという説を提示しています。(3) 相手を克服しようという強い意図を示したというわけです。dの禁制の花押は難波《なんば》田《だ》弾正左《だんじょうざ》衛門尉正直《えもんのじょうまさなお》（善銀）で、これは『富士見市のあゆみ』の見解で、eの扇谷上杉朝定《ともさだ》の花押とcの伊奈《いな》弾正忠盛泰《だんじょうのじょうもりやす》の花押については黒田基樹氏に御教示を得ました（⑯論文）。ところが今まで不明のfとgの花押について最近佐藤博信氏が、fの花押は上総の武田氏、gの花押は安房里美《さとみ》義豊《よしとよ》の制札を家臣の正木《まさき》大膳亮通綱《だいぜんのすけみちつな》が奉じたものであることを明らかにしました（⑫論文)。房総半島の勢力が、なんで品河にこのような制札を出すか、ということですが、これは江戸湾をめぐって房総勢力と扇谷上杉氏の勢力が連合して、南から北上してくる北条氏に対抗したものだとし、品河をめぐる三つ巴《どもえ》の勢力の存在を明らかにしたのです。そして、現実に房総半島の武田氏や里見・正木氏が、船で品河湊を襲う可能性もあった。その可能性に対して、品河の寺や町人はわざわざ房総半島の方に商売か何かの縁で出かけた時に、この制札をもらい受けてきたと想定するわけです。以上の点で、三つの勢力の制札が品河に出されているのです。

4 「かばい」の御印判——軍隊の侵攻と地域の平和——

ところで制札を当時の人は一般に何と呼んだのか、ということを考えてみましょう。埼玉県羽生市《はにゅうし》の歴史研究者冨田勝治さんからしばしば文書に出てくる「加倍」「嘉倍」などという言葉について私は質問を受けたことがあります。それに先立って冨田さんはどこかの方に聞いたらこれらの「カバイ」と読める言葉は所領が倍になる、地位が昇進する意味ではないか、という答えをもらったのだが、どうも納得できないのでと言って、私に聞いてきたのです。そこで「カバイ」というのは何だろうかと考えました。「カバイ」と読める語句は、栃木県足利の鑁阿寺《ばんなじ》文書など北関東の史料によく見かけられ、文字としては「加」「嘉」などを上にして、その下に「媒」「倍」「防」「敗」「陪」などの文字が組み合わさり、読み方としては「カバイ」と読むものが文書の中に出てくるものです。[4] そして「加陪の御印判」「御加陪の御祝儀」などと記されています。具体例をあげると、天正十二年（一五八四）に足利の鑁阿寺に常陸佐竹氏の軍勢が侵攻して来た時、これに加わった下総衆の侵入に対して、北条氏邦《うじくに》が足利でも合戦を予想して「加媒の御印判」を出した。しかし、結局は軍隊に荒されてしまったのです。荒されてしまった理由として、印判は出したけれども僧たちが全部逃げてしまったので、せっかく「加媒の御印判」をだしたのにその効果がない、「出家衆五人も三人も寺中に御座候えば、相済み申し候」と言っているのですね。僧がいないとは何たることだと、その努力もしないで寺が壊されたと訴えて来てもどうしようもない、人がいて守れば守れたのに、そのために制札を出してやっているんだと言っているのです。ここで「御加媒」とか「カバイ」というのは、「庇護する」という意味の「かばう」です。今でも時々「もうちょっとかばってやったらどうなの？」というように使っています。「カバイ」というのは庇護するということで、具体的に言ったら「カバイ」というのは、制札を出して庇護することで、それ故この制札を「カバイの御印判」ということになります。このことは私だけではなくて、高木昭作さんも気がついて『栃木県史研究』の中でも書いています（④論文）。少なくとも北関東では制札のことを「カバイの御印判」と言っていたことは確かです。

⑤鵤庄引付

次の「鵤庄引付《いかるがのしょうひきつけ》」は、戦乱時の制札を考える上で非常に興味深い史料です。

一同十八年（永正一八・一五二一）正月廿八日、御屋形（赤松）義村様、東方賀古マテ御出帳（張）、同二月二日ニ、下野守（赤松）村秀・広岡殿已下大田ノ城マテ御出帳（張）、然共御屋形様若君様（足利亀王丸）ヲ御供ニテ御着ノ城ヱ御馬ヲ被レ寄、同七日ニ浦上掃部助（村宗）方、従二備前ノ三石ノ城一室津マテ上洛、然ハ既当庄近辺一円可レ為二合戦巷一由必定ノ間、色々制札已下其計略ヲ成処ニ、広岡殿村宗（浦上）ト俄ニ御一味ヲ被レ成、大田ノ陣破テ、同十一日ノ夜御屋形方ノ衆被二取退一畢、然間下野守殿（赤松村秀）ワ広岡殿与可二不見劔（叙カ）一候由堅契約ノ間、御兄弟ワ其分ニテ彼大田ニ御堪忍、然間御□（着カ）ノ若公（君）様御供ニテ、御屋形取御退候、其間ノ政所ノ支配十三貫六百九十二文也、此支配ノ儀、可レ為二如何一由地下ヱ相談ル処ニ、名主百姓□（等）中事ニ、幸今度忩劇ニ付、当庄名主・寺庵・百姓其外憐（隣）郷・憐（隣）庄ヨリ、縁々ニ城ノ内ニ少（小）屋ヲ懸、構ヲ仕在レ之事候、俵物ヲ被レ誅、任二彼員数一ニ可二打賦一由申間、令二同心一、筆取・沙汰人・中間衆已下両人等少屋ヱ入テ算合シテ、石別八十文ツヽ、打賦、政所ヱ請取畢、

于レ時在庄　実厳　筆師　胤厳

永正十八年（一五二一）に播磨で赤松氏と浦上氏が抗争して、鵤庄一帯が戦乱の巷《ちまた》になろうとした時、寺の政所は「制札以下其計略ヲ成ス」ということで、制札をもらってくることに奔走したのです。ところが両勢力は和解して決戦は回避され、結局無事だったのですが、奔走して制札をもらいに行った時の費用「其間ノ政所ノ支配十三貫六百九十二文也」だけが残ってしまったわけです。そこで、政所はその出費の精算を地下に相談すると、名主・百姓等は今度の事件で鵤庄の名主・寺庵・百姓その

外隣郷・隣庄より、縁を便りに「城ノ内」（斑鳩寺の北方にある山城）に小屋懸をし、構《かまえ》をなして過したので、その時運びこんだ「俵物」の数量割りに拠出することで同意したというのです。その結果、俵米の「石別八十文づつ」負担拠出することになったのです。ここに、制札を要請して安全を確保するために、礼銭の支出を余儀なくさせられ、その保護の恩恵を受けた（受けることを予想された）人々の財物割負担となったわけです。

次の史料も文亀二年（一五〇二）の、紀州根来寺勢力侵攻に対して、和泉国日根野荘《ひねののしょう》の対応の史料です。

⑥政基公旅引付（文亀二年《一五〇二》九月）

八日丁丑去夜終宵細雨下、朝間猶陰、者自ニ根来一両番頭大木土丸帰来、自ニ去五日一昼夜申合之処、惣分及ニ度々一雖レ成ニ三方衆会一、過半出レ衆贔屓之条、衆議区也、事既難ニ落居一之条、申ニ合真福院七宝滝寺之別当也兼々被レ成ニ奉書坊々一、其外猶於ニ衆会所一致ニ昆本意見一坊中十余人ヲ、昨今両度於ニ閑所一成ニ私集会一相ニ調之一、朔朝之惣集会ニ評議相調、以ニ群議一一同之成敗惣兵衛并神尾衆以下ニ悉仰付、惣分ヨリ取ニ制札一テ参之由申レ之、先以神妙者也、但不レ加ニ日根野村一条不ニ遮機一、彼制札趣、

禁制

一於ニ入山田庄内一甲乙人等不レ可レ構ニ陣所一事

一同不レ可レ有ニ乱妨狼藉一之事

右当庄者　九条太閤《(政基)》様御領也、就中根来寺与当所数年令二契約一間定二置之一、若有下背二此旨一輩上者、為二惣庄一堅可レ加二成敗一者也、仍衆議如レ件、

文亀弐年九月七日

大伝法院行人若衆沙汰所
勢尊判

同老衆沙汰所
秀筭判

（中略）

此制札日根野故二当村迄反古二成事可二出来一歟、仍別々二可二申分一也、書成両人二御太刀ト、惣分へ礼ト、札ノ代ト、別二被二仰付一者則可二事行一也、仍先当村計制札ハ取参之由申云々、此儀ハ又有二其謂一歟、誠日根野ハ雖二招居一更二非下可二取陣一在所上也、苅田狼藉等事也、此条ハ日根野之沙汰人二委可二仰談一之由命長盛了、

同庄内入山田《いりやまだ》の村人は根来寺に出かけて行って、根来寺の「惣分」（執行機関）から、入山田における陣所構築と乱暴狼藉の禁止という二項目の制札をもらってきたという話です。このように軍隊が侵攻してくる時に、礼銭を持って制札をもらいに行くという慣行が、かなり広範にあったことの証拠となります。入山田村は、根来寺で制札の書役二人に太刀、「惣分」へは「札代」（制札銭）の他に礼銭を送ったと記してあります。

戦乱時の軍隊による乱暴狼藉に、制札によって一定の抑止効果があったことは確かです。しかし、制札だけではもちろん守れるものではないし、それと自助努力が重なって寺社や村・町が守られるというものです。制札は寺社の場合は非常に保存がいいから、どうしても寺社の場合は多く残っています。村・町もかなりもらってきていると思います。先の入山田の例もそうですが、しかし村や町の方は保存状態が悪いことから、現在の残存度では圧倒的に寺社が多いのです。

5　御判銭これを出すべからず——織田信長の信濃・甲斐侵攻——

制札の中には二つの種類があると思うのです。第一には交戦状態にある敵地に向けて出される。先ほどのいくつかの例がそうですが、そのような敵（侵攻先）の地域に、やがてそこに侵攻して行こうとする軍隊の大将が出すもの、第二には終戦後の勝者（占領者）の戦後処理として出されるもの、この両方があると思っています。しかし、両者共通に、下からの下付要請に応えて出されると思います。

例えば天正十年（一五八二）に武田勝頼が天目山《てんもくざん》で滅んだあと、織田信長《おだのぶなが》によって信濃《しなの》・甲斐《かい》に多くの制札が出されます。大量の軍隊が入ってきていますから、いろいろトラブルが在地にあります。制札が出された時点が、まだ交戦状態なのか、それとも戦後処理なのか、これを判別することは大事なことなのです。交戦状態というか、正確にいえば「事前」、侵攻して来るかもしれないという「予測」状態も含むものなのですが、それを次の戦後処理として出されたものと区別することが大事だろうと思います。

それから重要なことは、制札を出すということの意味です。制札の交付は、発給者・受給者の了解のもとに、一つの「平和領域」をその場所に作り出すことです。侵攻してくる軍隊の大将が制札下付要請のあった村・町、寺社とその門前の平和を保障するということです。少なくとも自分の軍隊は、そこでの乱暴狼藉などをやりません、一種の平和保障をするという意味です。その保険料を礼銭という形で支払うのです。ですから制札をもらってきた村・町・寺社は反対側の軍隊をここに入れてはいけないわけです。要するにAという軍隊とBという軍隊が交戦している場所に、Aの大将が保障した地域に、Bの軍隊を引入れ立て籠らせて、戦うことをしたならば、平和領域の保障違反になってしまいます。ですから、Aも平和領域を保障し、Bも平和領域を保障するという、両方から制札をもらっておれば、両軍から平和領域を保障されたものになってくるわけです。そして、当然のことながら制札をもらった人たちにとってオブリゲーション（義務）を負うわけで、礼銭以外に食料の供給・軍事資材の輸送・落武者狩りなどに動員されることはあるのです。

次に、制札その後の効能について考えてみましょう。先の長年寺の場合、二度の制札交付を前提にして、戦争終結後に、受連は信玄に「自面」（会面）し、このおかげで寺は無事に守れたという謝礼を述べたと思います。そして、寺領安堵を導いているのです。新しい支配者から、寺領確保の承認を得ているのです。制札下付が後の寺領安堵の前提となることを確認しておきたいと思います。ですから勝利するかも知れない軍隊が侵攻してくる時には、その軍隊にいち早く挨拶をし、平和領域保障の制札をもらってくること自体がその後の問題に関わってくるということであって、その辺は非常に機敏に対処しないといけないわけです。ですから武田氏・上杉氏・北条氏という諸勢力の三つ巴の争覇のもとで、関東の在地の側ではいってみれば、どちらが勝ってもいいということはないにしても、それと相対的に区別された一定の判断が働いていたという所が面白いところで、在地の人たちが総ぐるみで敵と戦ったという状況ではないという事ははっきりしています。

織田信長の武田勝頼攻めですが、天正十年（一五八二）に木曽義昌《きそよしまさ》が織田に内通したということで、二月に信長の長子信忠《のぶただ》が甲斐に攻めこんで攻撃を開始し、徳川家康《とくがわいえやす》も攻めこんでくる。やがて三月十一日に武田勝頼は天目山で滅亡ということになります。

遅れて出陣した信長は、三月十九日から十三日間、信濃の上諏訪《かみすわ》を本陣としてここに滞在します。ここで上州・信州・甲州の「仕置」（知行割）を行い、この時多くの戦後処理の制札を出します。これが第一次制札です。それから四月三日から九日までの間に今度は甲府に行き、つつじが崎の武田氏館に陣取って第二次制札を出します。織田信長の足跡はまず東山道《とうさんどう》から信濃に入って、そこから甲州にやって来たわけです。発給された大量の制札の中から代表的なもの子息信忠のものも含めて五点を掲げました。

⑦織田信長の制札（奥野高広『織田信長文書の研究』下巻）

a 信濃諏訪社神宮寺宛制札写（「宮坂家古文書写」）

（堅紙）
禁制　　　信濃国諏方神宮寺境内

一、軍勢・甲乙人等、濫妨・狼藉事、
一、伐採山林・竹木事、
一、相懸箭銭・兵粮事、

右条々、堅被二停止一訖、若於二違犯之族一者、忽可レ被レ処二厳科一者也、
仍下知如レ件、

天正十年（一五八二）三月　日　（信長）朱印

b 信濃吉野郷宛制札（「丸山亀之助氏所蔵文書」）

禁制　　　（安曇郡）吉野郷

一、甲乙人等、濫妨・狼藉事、
一、対二還住百姓以下一、成レ煩事、

一、非分課役事、付、御判銭・取次銭・一筆科等切禁制事

右条々、若有二違背之輩一者、忽可レ被レ処二厳科一者也、仍下知如レ件、

天正十年（一五八二）三月　日　（朱印）（信長）

c甲斐向岳寺宛制札（「向岳寺文書」坤）

禁制　　甲州塩山向岳寺門前

一、軍勢・甲乙人等、乱妨・狼藉事、

一、伐二採山林・竹木一事、

一、放火事、付、堂舎壊取事、

右条々、若有二違犯之輩一者、速可レ被レ処二厳科一者也、

天正十年（一五八二）四月　日　（朱印）（信長）

d甲斐山上郷宛制札（「三井文書」）

禁制

御判銭・取次銭・筆耕等、不レ可レ出レ之、

巨麻中郡山上郷

一、甲乙人等、乱妨・狼藉事、
一、対ニ還住百姓以下一、成レ煩事、
一、非分課役事、

右条々、若有ニ違犯之輩一者、忽可レ被レ処ニ厳科一者也、

天正十年（一五八二）四月　日

御判銭・取次銭・筆耕等、不レ可レ出レ之、

（朱印）（信長）

e 織田信忠制札

禁制　林郷（伊那郡）

一、還住之者違乱之事、
一、濫妨狼藉并放火之事、
一、篭屋落取之事、

右条々、若於ニ違犯之輩一者、早可レ処ニ厳科一者也、仍下知如レ件、

天正十年（一五八二）二月　日　（花押）（織田信忠）

aとbは天正十年三月、すなわち第一次制札で、cとdが第二次制札、諏訪で出したものと甲府で

出したものです。勝頼は三月十一日に滅亡したわけですけれども、この制札が出されているのは、勝頼の滅亡の三月十九日の以後で、滅亡後の戦後処理として出されているものだと私は推定しています。それで三ヶ条の制札です。内容は軍勢甲乙人の乱暴狼藉と、山林・竹林の伐採と矢銭《やせん》・兵粮《ひょうろう》を課すことなどの禁止という三ヶ条です。そこでｂの制札ですが三条目の「非分課役事」の所で、付けたりとして「御判銭・取次銭・筆料等一切禁制事」と記して、「御判銭」すなわち制札銭、それから制札をもらうように取次をした人への礼銭、それから制札の書き役への礼銭、一切こういうものは出してはいけない、お金はとらないでただで制札を出すと言っているのです。ｃ・ｄの制札では末尾の方に「御判銭・取次銭・筆耕等、これを出すべからず」と書いてあるのです。ということで信長政権の特異性というのが非常に出ている制札だといわれています。これは従来の制札の「礼銭構造」と断絶を示すもので、信長の軍隊が兵農分離を実現できていて、食料・資財の現地調達を必要とせず、軍費調達のための制札銭を徴収する必要がなかったとか、従来の戦国大名には見られない画期的政策とかの評価がある。なるほどと思って、子細に検討して表にしました。三月制札と四月制札に分け、宛先で寺社宛と郷村宛に分けてみました。寺社宛の方が残り具合がいいと思うのですが、実際には郷村宛の方がもっと多かったと思っています。

史料例は、ａは諏訪の神宮寺で寺社宛、ｂは安曇郡吉野郷という郷村宛、ｃは塩山の向岳寺、ｄは郷村宛ということで、発給の月と郷村・寺社で代表的なものを四例出しました。

三月制札においては「礼銭なし」（（ ）内に示す）は、寺社宛のは七通のうちに一通もない。郷村宛は一一通あって七通あります。四月制札では、寺社宛は、二〇通中一三通、郷村宛は一二通中一〇通あります。写しなども含めてありますので「御判銭・取次銭・筆耕料等これを出すべからず」というのは、それが写し落とされたりするケースもあると思いますので、そのことを念頭に置くと、四月制札では寺社宛も郷村宛もほとんどが「礼銭取るべからず」というのがついています。ところが三月制札を見ると寺社宛には全くない、郷村宛だけについているところから、最初の信州と後の甲州で違いがあり、信州では寺社からは礼銭を取ったけれども、郷村からは取らない、ところが甲州に入ると全部取らないという方針となっている。これをどう考えるかというのは非常に大きな問題です。「礼銭とらず」等と制札に記してあるのは後にも先にも織田氏のこの時だけなのです。織田信長は、間もなく明智光秀《あけちみつひで》に殺されてしまいますが、この後の戦争はないのです。豊臣政権期に入ってもこれはないのです。

そうするとここに非常に特異なものを感じます。一般論の織田氏政権をこれによって云々するのではなく、私は信・甲武田領国の戦後処理の問題と関わって、礼銭を否定する政策を考えてみた

表4　天正10年　織田信長の制札

宛先／発給月と地域	寺社　宛	郷村　宛
三月制札［信濃］	7（0）	11（7）
四月制札［甲斐］	20(13)	12(10)

・奥野高広『織田信長文書の研究』下巻による。
（　）内は御判銭等禁止文言のあるもの。

いと思います。とりわけ甲州においては武田氏の本拠地ですから、そこの所の民生安定を含めた形で、やはりそこに織田政権の支配がどの程度定着するかという問題をにらんで、礼銭とらずというような新政策がそこで打ち出されたのではないかと思います。信濃でも、半分（寺社分）取っているという感じなのです。信州の郷村の免除が、甲州では全般的となったのです。礼銭を取る戦国状況と対比して、取らなくなった織豊期というのは違うのではないか、段階を画すのではないかという意見もありますが、むしろ私はこの時の織田氏の処理の仕方が特異なのだというように理解した方がよく、それをあまり一般化すべきではないだろうと思っています。現に、織田軍の先鋒の織田信忠が、伊那郡《いなぐん》林郷《はやしごう》に出した制札には、この礼銭取らずはありません。しかしこれらいずれの制札も上から降ってくる制札ではなくて、やはり寺社や郷村がもらいに行ったという基本は変わらないのではないか。ただ信州・甲州の戦後処理のなかで礼銭を取らずという特異な政策が打ち出されたと考えます。

6　底倉百姓の苦労――豊臣秀吉の制札――

豊臣秀吉ですが、小林清治さんが「秀吉と禁制」という論文を書き、続けて「禁制公布と郷村」という論文で『相州文書』中にある足柄下郡底倉村《あしがらしもぐんそこくらむら》の藤屋勘右衛門《ふじやかんえもん》所持の豊臣秀吉禁制の例をあげています。

⑧底倉村の制札（「相州文書」足柄下郡旧底倉村藤屋勘右衛門〔安藤氏〕所蔵）

a豊臣秀吉禁制

禁制　　　相模国
　　　　　　そこくら

一、軍勢甲乙人等、濫妨狼籍（藉）事、
一、放火事、
一、対二地下人百姓一、一切申二懸非分一族事、
右条々、堅令二停止一訖、若於二違犯之輩一者、忽可レ被（処脱）二厳科一者也、仍下知如レ件、
天正十八年（一五九〇）卯月　日　◯（秀吉朱印）

b安藤隼人置文

相模国早河庄底倉之村安藤隼人置文之事
一、天正十八年庚寅之年卯月朔日ニ、関白（秀吉）様御打入之時、底倉百姓共軍勢之衆ニおいちらされ候、付、某おぢしうと筑後と申者きもいりニ御座候得者、年罷寄不自由之事ニ御座候間、某同道申、鷹のす（巣）へ参、家康様之御意を以、御侍中を御さしそへ、山中にて御朱印いたゝき申、底倉江罷帰路候事、
一、卯月二日ニ、浅野弾正（長政）殿衆青木庄六殿江よひよせられ申、関白様之御馬之かい料かけられ申

候得共、郷中之儀ハおいちらされ申、一粒も持不レ申候、太平台之こ屋堅固に御座候ゆへ、此こやニてかり出し、さま〳〵致候て、十俵御馬之かい料あけ申、御打入之やくつとめ申我等ニ御座候事、

一、其時底倉之百姓共、芳々(方)へはしりにて申退転に罷成候時ハ、我等二三間分、ねまつ、くず、ところほりくたされ、かん用之時之御やくとうつとめ申はしりめくり致候事、其うへ百姓共たつね返し申、そこくらにしつけ申候事実正也、以来におゐて、いか様之百姓成共、わき〳〵より某并ニ子供をさしおき、田地湯に付候て、はからいたて申ニ付は、此置文を　御地頭さまへ御目にかけ、時之代官様頼入、急度能様ニ御仕置を請可レ申候、某子共若輩ニ御座候間、老若を不レ存候まゝ、如レ此置文堅致置申候、仍如レ件、

殊ニ底倉申之湯ハ某先祖之
見たて候湯也、

(天正二十年・一五九二)
壬辰年二月十日　安藤隼人（花押）

ここでは禁制とともにそれがどういう経過でもらってきたかということ、すなわち禁制のいわれが書いてあるのです。これは私がとりあげた、下室田の長年寺の例と全く同じようなことなのです。b安藤隼人《あんどうはやと》置文に、天正十八年庚寅卯月朔日に関白様が「御打入」の時、底倉百姓ども軍勢に追い散らされる状況となった時に、隼人は叔父・舅の筑後に同道して鷹巣《たかす》の徳川家康陣に参り、家康の紹介で

山中城《やまなかじょう》の秀吉陣に行き三ヶ条制札をもらい受けて、底倉へ帰ったというのである。その直後に、浅《あさ》野《の》長政《ながまさ》の臣青木《あおき》庄六《しょうろく》に呼びつけられ、秀吉の馬の飼料の調達を命ぜられ、苦労して十俵を上納して、御打入の役儀を勤めたと記している。おそらく礼銭を出して制札をもらってきた後、馬の飼料十俵の役負担が課せられたのでしょう。制札給付にともなうオブリゲーションの問題がでてくるわけです。

この時の状況を見てみると、秀吉が山中城を攻めていて、やがて東海道《とうかいどう》を上ってきて、芦ノ湖《あしのこ》周辺の底倉を通って小田原《おだわら》の方に攻めていくわけです。その途中で鷹巣という所に、家康が先鋒隊としてやって来ていて、底倉の百姓は豊臣軍の侵攻してくることを知り、早く制札をもらって、郷村を守らなければいけないというので行動を起こしたわけです。

このことから見ても、豊臣秀吉の制札というものは、戦国段階の制札の給付とそれほど変わりはないと考えられます。

最後の史料は、栃木県芳賀郡《はがぐん》二宮町《にのみやちょう》高田《たかだ》専修寺《せんじゅじ》の木製制札です。

⑨羽柴秀吉禁制（専修寺文書・三重県津市一身田に同文あり）

　条々

一、下野国高田専修寺住持職事、任　御綸旨、諸国末寺諸門徒如㆓先々㆒不㆑可㆑有㆓相違㆒事、

一、当寺内并門前不㆑可㆑剪㆓採竹木㆒事、　付陣取停止事、

一、対㆓寺家門前㆒非分族不㆑可㆑申㆓懸㆒事、

右所㆓定置㆒、若於㆓違犯輩㆒者、速可㆑処㆓厳科㆒者也、仍下知如㆑件、

羽柴筑前守

秀吉（花押）

天正拾弐年（一五八四）六月廿六日

専修寺

御門跡

一メートルほどの将棋の駒みたいな形で分厚い板に書かれてありました。見学した私たちは、天正十二年に豊臣秀吉の制札が下野国に出されたということで、驚いたわけです（花押なし）。

ところが実は何のことはない。天正十二年の小牧・長久手の戦いにおいて、徳川家康と織田信雄が組んで豊臣秀吉と対立した時に、伊勢に秀吉が攻め込んで行きます。その時に、伊勢国一身田《いちしんでん》に移っていた高田の専修寺に対して出されたものなのです。その文書が栃木県芳賀郡二宮町にある旧寺の方で、その制札をそっくり板に写しこんだものと考えられます。おそらく天正十八年（一五九〇）の時点で秀吉が関東に侵攻してくることを知った下野高田専修寺の僧が、天正十二年に伊勢の一身田の高田専修寺に出された制札を板に写したものであろうと私は考えております。木の板を伊勢から運んだとは考え難いのです。

7　制札と部分的平和令

戦国時代の制札というのは基本的に、礼銭構造、礼銭を持ってもらいに行くという形で、それが下付され、そしてそれが下付されることによって、地域的部分的平和令という、そこの所だけの平和維持機能を認めるというものであった。これによって寺社や門前、町場や郷村の限定された地域の平和領域が設定される。これは藤木久志さんのいう惣無事令《そうぶじれい》という全域的惣無事令ではなくて、ある個別的部分的惣無事令にあたるようなものと考えます。下付対象が寺社であれば、これは所領安堵《しょりょうあんど》の前提となっていく。それから町や郷村についていえば、住民の安堵すなわち還住令《げんじゅうれい》、逃げ去った百姓が元の所に戻って来ることを保障すること、前回藤木さんがこの研究会で、話された問題とつながると思います。藤木さんがあげられた安堵と還住の前提として制札が位置付けられるわけです。

制札の問題は、戦国段階および織田・豊臣期を通じて、基本的には、その構造は変わってはいないわけですが、天正十八年の全国統一の中で消滅していきます。制札をもらい受けることによって、地域の平和を維持するという人々の自力の営みが、戦国争乱の終結にともなってそこで終わるということではないかと思っています。

なお制札の問題は一ヵ条制札、三ヵ条制札などがあって、私がここで述べたような一つのパターンで全部説明しきれないという問題もありますし、それから制札が出された時点が、戦乱の巷の事前予防制札であるのか、戦後処理制札であるのか、ということの見極めなどを含めて細かに考えていく必要があると思います。

今日は、甲乙人乱暴狼藉停止という単純な制札を中心に話を進めましたが、ともかく制札の問題に多くの方が興味を持っていただきたいと思い、制札がどういう機能を果したかという事で、試論的な私の見解を申しあげましたが、その検討をも含めて考えていただけたらありがたいと思います。

注

(1)　制札に関するこれまでの研究は、個別大名やそれぞれの視点で多岐にわたっている。以下、参照させていただいた諸研究を列記する。

①菊地登「信長の禁制について」(『日本史研究』一三七号、一九七三年)。

②相田二郎「織田氏并に豊臣氏の古文書」(『戦国大名の印章・印判状の研究』相田二郎著作集　二巻、名著出版、一九七六年)。

③山中恭子「文書と真実、その懸隔への挑戦——戦国大名後北条氏を素材として——」(『史学雑誌』九〇巻一〇号、一九八一年)。

④高木昭作「関東戦国文書の二、三の用語」(『栃木県史研究』二四号、一九八三年)。

⑤同「乱世——太平の代の裏に潜むもの——」(『歴史学研究』五七四号、一九八七年)。

⑥同「百姓還住と近世的軍隊における濫妨狼藉の禁止」『日本近世国家史の研究』(岩波書店、一九九〇年)。

⑦柴辻俊六「戦国大名の制札」(『戦国史研究』五号、一九八三年)。

⑧同「戦国大名の禁制と制札」（『戦国史研究』一〇号、一九八五年）。
⑨峰岸純夫「網野善彦『無縁・公界・楽』によせて」(1)（『人民の歴史学』六〇号、一九七九年）。
⑩同「戦国時代の制札」（『古文書の語る日本史 5 戦国・織豊』、筑摩書房、一九八九年）。
⑪大久保俊昭「戦国大名文書にみる『禁制』の研究——今川氏を事例として——」（『戦国期東国社会論』吉川弘文館、一九九〇年）。
⑫佐藤博信「十六世紀前半における江戸湾をめぐる房総諸勢力の動向——とくに品川『妙国寺文書』の禁制をめぐって——」（『金沢文庫研究』二八六号、一九九一年）。
⑬池上裕子『戦国の群像』（集英社『日本の歴史』10、一九九二年）。六九〜七二頁。
⑭小林清治「秀吉と禁制」（福島県歴史資料館『研究紀要』一四号、一九九二年）。
⑮同「禁制交付と郷村——天正18年4月　秀吉禁制と相模国底倉郷——」『福大史学』五二・五三合併号、一九九二年）。
同『秀吉権力の形成——書札礼・禁制・城郭政策——』（東京大学出版会、一九九四年）
⑰黒田基樹「『妙国寺文書』の伊那盛泰制札について」（『史誌』三七号、一九九三年）。
（2）佐藤進一『古文書学入門』（法政大学出版局、一九七一年）、第一章、結び。
（3）佐藤進一「花押小史——類型の変遷を中心に——」（『花押を読む』平凡社、一九八八年）。
（4）本書II部三章五参照。

三　制札と東国戦国社会

1　長年寺の受連覚書

榛名《はるな》山麓にある上野国《こうずけ》下室田《しもむろた》（現、群馬県榛名町）の長年寺《ちょうねんじ》は、延徳《えんとく》三年（一四九一）に曇英慧応《どんえいえいおう》を開山《かいざん》とし、箕輪《みのわ》城主長野憲業《ながののりなり》を開基《かいき》として創建された曹洞宗《そうとうしゅう》寺院である。

この寺の七世受連《じゅれん》のとき、永禄《えいろく》四年（一五六一）以降、信濃《しなの》を制圧した武田信玄《たけだしんげん》（晴信）が国境を越えて上野国に侵入してきた。信玄は、その前年から三国《みくに》峠を越えて上野に侵攻して来ていた長尾景虎《ながおかげとら》（のちの上杉謙信）が上野国を領国化することをおそれ、それに対抗するため、吾妻《あがつま》郡・甘楽《かんら》郡の北西部から、侵攻を開始していた。

この武田軍の侵攻の前に障壁となっていたのは、上州一揆《じょうしゅういっき》の旗頭（盟主）から西上州の最有力武将の地歩を築いていた箕輪城主長野業政《なりまさ》であったが、永禄三年に業政が没し子業盛《なりもり》が嗣ぐと、その間《かん》隙《げき》を狙《ねら》って信玄は侵攻を開始した。これ以降、永禄九年（一五六六）九月の箕輪城落城まで武田氏の箕輪城攻撃の通路となっていた長年寺は戦禍を蒙ることになる。この間における受連の痛切な体験記が長年寺に遺《のこ》されている。興味深い史料なのでその全文読み下しをつぎに掲げる。

(a)〔長年寺受連覚書〕

この制札は、辛酉《しんゆう》の歳霜月《しもつき》廿四日、当国小幡国峰《おばたくにみね》に向かい、晴信出張の時、直ちに参上を遂げ、申請《う》くる制札《せいさつ》なり。数箇度箕輪《みのわ》当地において動《はたらく》の時は、愚僧一人当寺に残り留まり、彼《か》の御判《はん》形《ぎょう》を捧げ持ち、諸軍に立向わり、問答すること七ヶ年なり。□仞《じん》に触れて戦うこと一ヶ度、剝執《はぎと》らること三度、仁馬雑物《じんばぞうもつ》取らるゝことは数を知らず。飢餓《きが》に及ぶこと多年、寺家《じけ》門前二百余人の僧俗 尽《ことごと》く離散し、他方において失《う》せ死す。ただ吾一人終《つい》にこの地を退かず、山に臥《ふ》し里に隠れ当寺を守る。上下百里の内神社仏閣一所も残らず、人境断絶す。愚僧心事の苦労一身《いちしん》の稼《かせぎ》をもって、この長年寺ばかり、昔の屋躰《おくてい》堅固なり。次の一通の判形は、永禄六年癸亥《みずのとい》の年十二月の五日に、倉賀野《くらがの》に向かい木部《きべ》に御陣取の時、参陣せしめ重ねて申請くる御印判《いんばん》、この両通の判形をもって寺家恙《つつが》なく相《あい》続け、同永禄九年九月廿九日、箕輪落居《らっきょ》の上に、晴信御自面《じめん》をもって、当寺々領前々の如く相違なく渡し下さるものなり。

永禄十年丁卯《ひのとう》三月七日

受連（花押）

○動――働に同じ。戦場で活躍する、攻撃する。○判形――花押や印判のこと。転じてこれが据えられている文書。○仞に触れて戦う――斬り合いの戦闘の場に遭遇する。○仁馬雑物――人馬や資財。○一身の稼――一人だけの働き。〇印判――おもに朱印、転じてこれが据えられている文書。〇落居――落着、この場合は落城して戦闘が終息すること。〇自面――直接の面会。

永禄四年十一月に信玄が上州国境を越えて、国峰城を攻撃するために小幡（現、富岡市）に侵攻したとき、受連は、長年寺から十八キロメートルも離れたこの地に出向き、制札《せいさつ》を申し請けている。その後、永禄六年十二月に今度は倉賀野城攻撃のため木部（現、高崎市）に在陣した武田方に出向き、重ねて制札を得ている。受連が箕輪城侵攻を予想し、遠路を冒して事前に制札を取得して待っていると、やがて武田軍が長年寺周辺に進撃して来る。受連はただ一人、これらの制札を手にふりかざして、合戦に巻き込まれ、武田軍の剝取りに遭い、餓死の危険にさらされるなど、あらゆる困難に耐えて寺を守り抜いた。そして、箕輪落城後の九月二十九日に信玄に直接面謁して、寺領の安堵《あんど》を獲得したというのである。

2　制札の授受とその機能

この覚書は、寺を守り抜いた受連自身の功労を記録に留めたものであるが、同時に受連が肌身離さず持ちつづけて、寺を守る武器にした二通の制札の「功徳《くどく》」を記している点と、制札の授受過程やその機能を考えるうえで興味深いものである。

この覚書から当面引き出されることは、つぎの三点である。

①制札は、上から一方的に与えられるものではなく、それを必要とする者の要請で下付されるものである。これには「参陣」して大将の出陣を賀すとともに、礼銭の献上が必要とされたと思う。発給者（侵攻軍）の側にたってみれば、敵地の、しかも敵将の膝元にある氏寺というべき寺からの制札申請のための来訪は、自らの勢威を示すものとして歓迎すべきものであったと考えられる。

②制札には、領主が領内に下付するものも多いが、敵方である侵攻軍の大将から発給される場合もある。この制札は、その軍勢の「乱妨狼藉《らんぼうろうぜき》」を抑止するのに一定の効果があったのである。もちろんそれには、受連のように寺を守る僧侶などの必死の行動が必要で、無人の寺にたとえ制札が掲げられていても、それだけでは寺を守れないことは当然である。

③制札が存在することをもって、ただちにその軍隊が駐留したことを意味しない。前記の小幡、あるいは木部の武田陣の場合でも、室田の長年寺からは一定の距離がある。制札の取得は、軍隊の到着を予想しての行為である。したがって、制札は存在していても、攻撃途上で侵攻をやめ、帰陣することは当然ありうる。

さて、この二通の制札のうち、永禄四年（一五六一）のものは目録にはあっても現存せず（焼失か）、つぎの永禄六年のものだけが現存する。

(b)〔武田家高札〕

図7　武田信玄の高札

（龍朱印）
〇高札　　長年寺
当手《とうて》甲乙の軍勢、彼《か》の寺中に於いて乱妨狼
藉破却の事、これを停止《ちょうじ》しおわんぬ。もし
制止に背かば、罪科に行うべきものなり。
よって件《くだん》の如し。
永禄六年癸亥
十二月五日

〇当手——味方。〇甲乙の軍勢——特定しないあれこれの軍勢。

これは、各地の戦国大名によって発給されるところのごく一般的な形式の「乱妨狼藉停止」の制札である。これに先行する永禄四年のものも、これとほぼ同文のものと推察される。

3　高札・制札・禁制

本稿の表題の「制札」に代表させた文書には、他に高札《こうさつ》・禁制《きんぜい》、掟書《おきてがき》・定書《さだめがき》などさまざまの名称がある。この文書は、大名などの権力が、寺社・郷村・宿町などに宛てて発給し、ある特定の行為の禁止を布達することで、それらを保護しようとしたものである。

高札・制札の「札」は本来は「木札」を意味し、杉・檜《ひのき》、あるいは松・槙《まき》・樅《もみ》などの板に書いて下付し、これを人々の集まる場所に立札あるいは懸札《かけふだ》として掲示したもので、文治《ぶんじ》元年（一一八五）十二月北条時政《ほうじょうときまさ》制札（河内《かわち》国玉祖《たまつみおや》神社所蔵）が初例である。

戦国時代には、木札および文書の両方を併せて下付する場合や一紙の文書のみ下付し、これを受手の側が書写して掲示する場合が多かったと考えられるが、最終的には木札による掲示を目的とするため、文書の冒頭に高札ないし制札の文言があるものが多い。しかし、今日では、掲示に用いられた木札はほとんど消失し、文書だけが多く残されている。

柴辻俊六氏が紹介・分析された千葉市浜村《はまむら》町の本行寺《ほんぎょうじ》文書には、つぎの(c)北条氏政《うじまさ》禁制とそれに添えられた家臣の遠山《とおやま》左《さ》衛門《えもん》尉《のじょう》の(d)添状断簡があり、この間の事情を知るうえで興味深い。

(c)〔北条家禁制〕

禁制　浜村

右当手軍勢甲乙人等、濫妨《らんぼう》狼藉堅く停止《ちょうじ》せしめおわんぬ。もし違犯《いぼん》の輩《やから》これあらば、速《すみや》かに搦捕《からめと》り披露を遂ぐべきものなり。よって件《くだん》の如し。

（元亀二年）辛未九月二日　（虎珠印）　遠山　これを奉《うけたま》わる

○披露――側近を通じて上申すること。

(d)〔遠山左衛門尉書状〕

（前略）一、御寺内往還の衆、狼藉如何《いかが》と存じ、御制札申し請け持たせ進じ候。一、板ニ写し進じ候をハ御堂に御懸け、諸人拝見申す様に、一、紙に御印判推《お》させられ候をば、御寺の御重物《じゅうもつ》これに過ぎまじく候。御旦那中《だんなちゅう》へ拝見させられ御尤《ごもっとも》に候。一、土気《とけ》へも東金《とうがね》へも写《うつし》、彼《か》の文袋に拙者書状に指し添え進じ候。（下略）

○重物――重宝。○旦那中――寺の檀家、保護者。

遠山左衛門尉は、浜村町の本行寺寺内を通行する北条軍などの破壊行為「乱妨狼藉」を抑止するため、「御制札」を北条氏政《ほうじょううじまさ》に申請してもらい受け本行寺に送付している。山中恭子氏は、奉者のある奉書《ほうしょ》式印判状《いんばんじょう》とそれのない直状《じきじょう》式印判状の相違を、申請者と大名権力のあいだを仲介する奏者《そうじゃ》の有無であるとし、奏者はこの奏者であるとする。そう考えると、この文書は山中説を裏づける好例である。

さてこのさい、「御制札」は板に写した諸人に見せるためのものと、寺の重宝にもなるべき紙に印判を押したものの二種類であり、その先の土気や東金の末寺にも制札の写しを送付しているというものである。

このことから柴辻氏は、板と紙の二種類の制札の同時給付という方式の存在を認めているが、多くの場合は、紙の制札のみであったろうと想定している。なお、柴辻氏は、板に記したのを制札、紙の場合を禁制というように分類している。しかし、当時はこのように明確に分類されていたとは必ずしも考え難い。

4　大名によって異なる名称

関東地方で、戦国大名の発給したこの種の文書を見ると、三ヵ条の場合が多いが（漢の高祖《こうそ》の「法三章に約す」の故事）、複数の条をもったものについては、武田氏・北条氏・上杉氏、織田氏・豊臣氏・徳川氏など「禁制」・「定」・「掟」などの語句を冒頭のタイトルとしている。これにたいして、「乱妨狼藉の停止」といった単項目のものは、上杉氏は「制札」(e)、武田氏は先記の長年寺の場合(b)のように「高札」を用い、北条氏の場合は、永禄九年（一五六六）頃を境として、それ以前は「制札」(f)、以後は「禁制」の用語を用いている(g)。すなわち、大名によって用いる用語・名称は異なっているのである。

(e)〔河田長親《かわたながちか》制札〕

制札

右、黒子千妙寺《くろこせんみようじ》に於いて、越関《えつかん》の諸軍勢濫妨狼藉これを停止す。もし違犯の輩は、甲乙の人を嫌わず、罪科に処せられるべきものなり。よって件の如し。

永禄七年

弐月五日

（河田長親）
豊前守（花押）

（「千妙寺文書」）

○越関――越後と関東。

(f)〔北条家制札〕

制札

右、軍勢甲乙人等濫妨狼藉の事、堅く停止せしめおわんぬ。もし違犯の輩これあらば、速やかに罪科に処せらるべきものなり。よって状《じよう》件の如し。

（永禄七年）
子（虎朱印）

正月十四日　　遠山左衛門尉　これを奉わる

金明領

国分郷（下総国）

（「随得集」）

(g)〔北条家制札〕

禁制　今井郷（武蔵国児玉郡）

右、当手の軍勢甲乙人等濫妨狼藉の事、堅く停止せしめおわんぬ。もし違犯の輩これあらば、速やかに搦捕り披露を遂ぐべし。ただし森林竹木を剪《き》る儀は、異儀あるべからざるものなり。よって件の如し。

丙寅（永禄九年）十二月四日（虎朱印）

（「鈴木弘氏所蔵文書」）

○異儀——異義、異存のこと。

紙と板は、セットのものと考えられ、板に表示されることを前提にして、その原本として、紙の文書が発給されているのであり、それゆえに両者はほぼ同文なのである（板札には、印判なし）。

なお、紙・板の両方が確認できるものとして、柴辻氏は、天文二十二年（一五五三）武蔵国比企郡《ひき》市川永福寺《いちかわえいふくじ》の北条氏康制札、甲斐国二宮美和神社《にのみやみわじんじゃ》の天正七年（一五七九）武田勝頼《たけだかつより》制札、甲斐国下山《しもやま》南松院《なんしょういん》の天正十年三月織田信忠《のぶただ》禁制と徳川家康《とくがわいえやす》禁制などをあげている。

5　「カバイ」の御印判

天正八年（一五八〇）の武田勝頼の侵攻、天正十二～十三年の北条氏の侵攻などのさい、足利《あしかが》の鑁《ばん》阿寺《なじ》では、この制札のことを「カバイ」の御判と称している。「カバイ」には、「加媒」（四九、一三九、二八四、番号は『栃木県史』史料編中世一鑁阿寺文書の番号、以下同じ）、「加倍」（一一五、四六〇、五八一、五八六）、「加陪」（三七）、「加敗」（九二）、「加妎」（四一八）、「加防」（九八）、「嘉倍」（二一四）、などさまざまな文字が宛てられている。この他、「加敗」が下総結城《ゆうき》寺文書にも見られ、「かはい」（天正十年七月十八日黒沢繁信《くろさわしげのぶ》書状、『甲斐国志』所収）とかな書きした場合もある。これらは、いずれも「カバイ」と読み、「庇う」（庇護する）からきていると思う。「加媒の儀」「加陪の御印判」「御加倍の御祝儀」などと用いられ、敵味方（とりわけ味方）の軍勢の「乱妨狼藉」から寺社などを保護する戦国大名の行為をいい、具体的には制札を下《くだ》すことをこのようにいうのである。具体的な例を示す。

(h)〔芳春院松嶺書状《ほうしゅんいんしょうれい》〕

其元《そのもと》加媒の儀、去秋仰せを蒙《こう》むるの間、御陣下《じんか》への書状相《あい》調え進じ置き候ところ、横合《よこあい》故相違の所、その曲《きょく》なく候。然《しか》れども学校の手筋《てすじ》をもって相調え候由《よし》、肝要に候。これによって御礼物相届けられたき由候て、指し越され候。遠慮候といえども、仰せを蒙るの間、もっとも小池肥前をもって鉢形《はちがた》相届け申すべく候。（下略）

（「鑁阿寺《ばんなじ》文書」二八四、正月二十九日、鑁阿寺金剛乗院宛）

○陣下——陣中。○横合——かたわらの者、局外者からの干渉。○曲なく——愛想がない、すげない。○学校の手筋——足利学校の人脈。○肝要——非常に大切。○指し越され——使者を遣わされる。○鉢形——武蔵国児玉《こだま》郡の鉢形城（現、埼玉県寄居《よりい》町）、北条氏邦《うじくに》の居城。

(i)〔横地《よこち》勝吉《かつよし》書状〕

（前略）鑁河寺の儀、最前より御加妎の所、拙者は去年御 調義《ちょうぎ》の時分罷《まか》り立たず候間、御模様は存ぜず候。然るに一昨日護摩堂《ごまどう》破却迷惑の由、御余儀《よぎ》なく存じ候。下総衆致され候事に御座候。これによって氏邦（北条）断じて立腹、その理《ことわり》に及ばれ候。惣別《そうべつ》加様《かよう》の御加妎以下には、何方《いずかた》においても出家衆五人も三人も寺中に御座候えば、相済み申し候。詮なき御疑心故、かくの如く罷り成り候。（下略）

（「鑁阿寺文書」四一八、正月二十一日、鑁阿寺不動院宛）

○調義——計画、企らみ、軍勢を動かし攻撃すること。○模様——様子。○下総衆——下総の軍勢。○理に及ばれ——理非を糾明される。○惣別——およそ、概して。

(j)

〔黒沢繁信《くろさわしげのぶ》書状〕

(前略) 大堂伽藍の事、この上の儀如何《いか》にも手堅く申し付けられ候間、御心易《やす》くあるべく候。これ已前《いぜん》の儀は、加倍の儀申し付けられ候えども、御印判も御座なく、御僧衆一人も指し置かれず候間、右近国の御軍勢御軍法と存ぜず、かくの如く候。向後《きょうご》は近日より御僧衆五三輩《ごさんはい》指し置かれ、尤《もっとも》に存じ候。(下略)

○この上の儀——今後のこと。○これ已前の儀——これ以前のこと。○軍法——軍隊の定め。○五三輩——五人とか三人の者。

6　制札が有効に機能するためには

(h)は天正十二年(一五八四)、(i)、(j)は天正十三年と推定される。(h)は北条氏の「カバイ」の御印判、すなわち制札が下付される手続きを示し、古河《こが》公方《くぼう》足利義氏《よしうじ》の奉公人芳春院松嶺《ほうしゅんいんしょうれい》が仲介し、「学校の手筋」(足利学校庠主《しょうす》〈校長〉のルート)によって、礼物を届け、鉢形城の北条氏邦の所から小池肥前が届けるという手順となっていることがわかる。

ところが、(i)では北条氏の侵攻のさい、下総衆の行為によって鑁阿寺の護摩堂が破却されたことについて北条氏邦は立腹し、「カバイ」には、僧侶の五人か三人が寺中に居れば無事にすむことではないかと非難している。(j)ではこのことをくり返し、「カバイ」を申しつけても、「御印判」(制札)もなく、僧侶も不在(逃亡)したのでは、近国の軍勢も「軍法」を知らず、破壊行為に及んでしまうので、僧侶を五人・三人と配置するように指示している。

鑁阿寺においては前に述べた受連のような献身的な僧はおらず、戦禍を恐れて逃亡してしまい、せっかくの北条氏の「カバイ」も有効に機能しなかったのである。ここに寺社などの要求によって大名が下した制札がもっている寺社の保護の機能は、その受け手の側の主体的努力とあいまってのみ、発揮されるものであることが理解できるのである。

戦国大名権力は、「カバイ」の御印判に示されたように、敵方の寺社であっても保護・被保護関係を形成し、寺社の垣や堀などで囲まれた一定の領域を平和・中立の場にし、戦禍を免れるような努力を傾けたのである。ここには、神仏にたいする崇敬の念といった一般的な観念ではなく、神仏の加護に対する期待と神仏を加護する態度を示すことによって副次的にもたらされる人心の収攬《しゅうらん》、さらには、礼銭《れいせん》・礼物《れいもつ》の取得による軍費の調達、占領地への威令の誇示など政治的・軍事的効果を持つものと発給者側に意識されていたと思われる。いっぽう、給付を受ける側にとってもこれは、寺社を破壊から守るためにもっとも有効な手段と考えられていたのである。

〔参考文献〕

①峰岸純夫「網野善彦『無縁・公界・楽』によせて」(1)（『人民の歴史学』六〇号、一九七九年）。
②柴辻俊六「戦国大名の制札」（『戦国史研究』五号、一九八三年）。
③　同　「戦国大名の禁制と制札」（『戦国史研究』一〇号、一九八五年）。
④山中恭子「文書と真実、その懸隔への挑戦——戦国大名後北条氏を素材として——」（『史学雑誌』九〇編一〇号、一九八一年）。
⑤高木昭作「関東戦国文書の二、三の用語」（『栃木県史研究』二四号、一九八三年）。

四　軍事的境界領域の村――「半手」を中心に――

1　境目の村と「半手」

近年、村落史・流通史・社会史における境界の研究が活発に行われるようになってきた(1)。このような研究動向のなかで、本稿が問題にする軍事的境界領域については、城郭史研究が「境目の城」に焦点をあてて成果をあげている(2)。

その一方で、相対立する軍事勢力の境界地域にあって、村落や住民はどのような状況におかれ、両勢力との間でどのような関係を取り結ぶかということについて、「半納」ということに着目した秋山伸隆氏の研究がある。秋山氏は、毛利氏の領国が尼子・宇喜多氏勢力と接する伯耆・美作・備中などの中国地方の境界諸地域において、村落が関係する両敵対勢力に対して年貢・公事を折半して納める事実のあることを立証した。そして、この研究は岸田裕之・山本浩樹両氏によってさらに発展させられた(3)。

この半納の類似の状況として、東国における「半手」に注目したのは湯山学・笹本正治・盛本昌広氏である。(4)湯山氏は、後述する「北条五代記」の半手に注目し、笹本氏は、今川氏と穴山氏、北条氏と里見氏などの境界領域において商取引を行う「半手商売」に着目し、盛本氏は本牧《ほんもく》と木更津《きさらづ》間の航行の安全を保証する「半済《はんぜい》」を指摘している。

本稿は、これらの研究に触発されて、戦国期東国の軍事的境界領域に成立する「半手」という状況を村落の側から問い直そうとするものである。まず事例検討から入ることとする。

2　常陸の多賀谷氏・岡見氏の境界領域における「半手」

常陸国西南部、牛久《うしく》城を本城として小貝《こかい》川東岸の河内《かわち》郡に勢力を張っていた岡見氏は、その東北の下妻《しもつま》城を本城とし鬼怒《きぬ》川・小貝川の間に勢力を張る多賀谷氏と天正十年（一五八二）代に激しい戦いを繰り広げていた。この戦いは、単に両氏の間だけに留まらず、多賀谷氏を支援する結城・佐竹両大名と岡見氏を支援する北条氏の南北対決のなかに組み込まれていたから事態は深刻であった。この戦争の推移については、市村高男氏の研究に詳しいのでそれに譲りたい。(5)

この戦争の最中に、岡見氏は「岡見氏本知行并旗下・半手覚書」という文書を作成している。この中に「半手」に関する重要な記述がある。この文書の写は、国立公文書館内閣文庫所蔵の「記録御用所本古文書」三に「土岐《とき》信濃守《しなののかみ》朝利《ともとし》書上」として収載されている次の九点の文書の中にある。

①嘉吉元年十二月十五日　管領細川持之奉書（土岐美濃守［憲秀］宛）
②永正九年十一月十三日　小笠原氏隆書状（土岐源次郎［治頼］宛）
③（永禄五年カ）十月晦日　江戸忠通書状（土岐殿［治英］宛）
④（永禄八年カ）七月二十八日　上杉輝虎書状（土岐大膳大夫［治英］宛）
⑤（永禄九年以前）七月一日　小田氏治書状（土岐大膳大夫［治英］宛）
⑥（天正七年以前）七月二十八日　国分左衛門太郎胤通書状写（土岐殿［治英］宛）
⑦（天正十五年頃）七月二十日　岡見治部大夫治広書状（土岐左兵衛尉［胤倫］宛）
⑧（年未詳）四月十九日　須田将監弘重書状（龍崎［土岐胤倫］宛）
⑨（年月日未詳）　岡見氏本知行并旗下・半手覚書

この文書群は、土岐原《ときはら》氏の関係文書群である。土岐原氏は美濃国守護家土岐氏の分家で、美濃国郡《ぐ》上《じょう》郡《ぐん》原郷《はらごう》を名字の地として「土岐原」を称し、関東管領上杉氏の家臣となり上杉氏の所領である常陸国信太荘《しだのしょう》の代官となって現地に土着し、その後江戸崎《えどさき》城を本拠地にして勢力を振った。戦国時代には治英《はるふさ》が活躍し、戦国末期に治英の子胤倫《たねとも》が龍ケ崎に分出した。この胤倫の子朝房《ともふさ》が徳川家康に召出され、やがて朝房・朝清《ともきよ》二代にわたって紀州藩に仕えた。朝清の子朝治《ともはる》は徳川吉宗に仕え、吉宗が将軍になってからは旗本となった。その子孫が朝利で天明元年（一七八一）に家督を継ぎ、寛政二年

（一七九〇）に美濃守に叙せられている。以上の点からと、この一連の文書は龍ケ崎の土岐原胤倫のもとに集積された文書群と考えられる。牛久城主岡見《おかみ》治広《はるひろ》の支配領域を示す⑨の文書は、岡見氏と婚姻関係を重ねて強力な同盟関係にある土岐原胤倫のもとにもたらされたものと考えられる。当時、北条氏と結んでいた岡見・土岐原両氏は、下妻の多賀谷氏の攻撃にさらされていた。直接多賀谷氏に接し最前線に立つ岡見氏の諸城配置や支配領域の状況は、それを背後から支援する土岐原氏にとっても必要な情報だったと思われる。

以下、この文書の全文を掲げる。城名を①〜⑤、郷村名を1〜79、半手の郷村名をa〜hと番号・記号を付け、図8に示した。

本知行并旗下・半手之覚

①牛久城　岡見治部大夫（治広）
②谷田部　同　同預丹波ニ
③新地　同　同五郎左衛門
④足高　同　同中務（宗治）
⑤板橋　同　是ハ八月岡上総介居城、牛久之旗下也、
1野堀　二郎右衛門知行方也、
2岩崎　三ケ所　3大まかり（曲）

4 かしまそね
5 立堀
6 すな（砂波）場
7 かま（鎌田）た
8 栗山
9 新音
10 神尾
11 大和田
12 まミ（狸穴）かな
13 高岡
14 飯田
15 片田
16 おば（小張）り　弐ケ所
17 菜（楢）郎戸
18 見な（南）ミ
19 ふく（福）岡
20 ませ（間瀬）
21 かや（萱）丸
22 おさが（長高野）うや
23 ぬまさき
24 見森
25 高さへ（道祖）
26 けつ（結束）そく
27 関　二郎右衛門川原代十ケ所之内
28 子（小）屋
29 花丸
30 かうや（紅葉内）う地
31 ひや（冷汁）しる内
32 中つほ（坪）
33 西道地（内）
34 ほう（芳黄）わう
35 しっ（知手）て

36門倉　是迄十ケ所被レ下分也、37井野岡
38奥原　39島田
40正直　41米
42高森　43太田
44小池　45荒川
46じつこく《実穀》　47本郷
48おき《沖》　49岡見
50桐和田　51さけ《下》嶋
52鹿子　53大井
54今龍寺　55荒豊田
56原　57井野岡
58赤塚　59立堀
60かじうち《梶内》　61原
62松野木　63大ぬま《沼》
64てうろ《手代》木　65小野崎
66漢葉　三ケ所　67榎木戸

68羽成　69若栗《(小茎)》
70高崎　71おく木《(天宝喜)》
72田戸　73あまほう木《(萱場)》
74遠山　75かやば
76手子丸村ノ内ニ壱ケ所有り、
77おつと《(乙戸)》村ノ内　壱ケ所有り、
78西川辺村ノ内ニ壱ケ所有り、
此三ケ村ハ他領也、此内ニ五ケ所手前知行分也、
半手之分
a苅ま《(間)》　b さゝき《(佐々木)》坊
c平塚　d才木
e柴崎《(面カ)》　f さけ《(酒)》丸
g市野屋　h くりかけ《(倉掛)》
是迄多賀谷と半手之知行分也、
79東上野之内木嶋郷ニ而壱ケ所有り、是ハ小田原氏直より、小田原江参府之時、馬のかいりやうニ
と、御意ニて拝領之知行也、

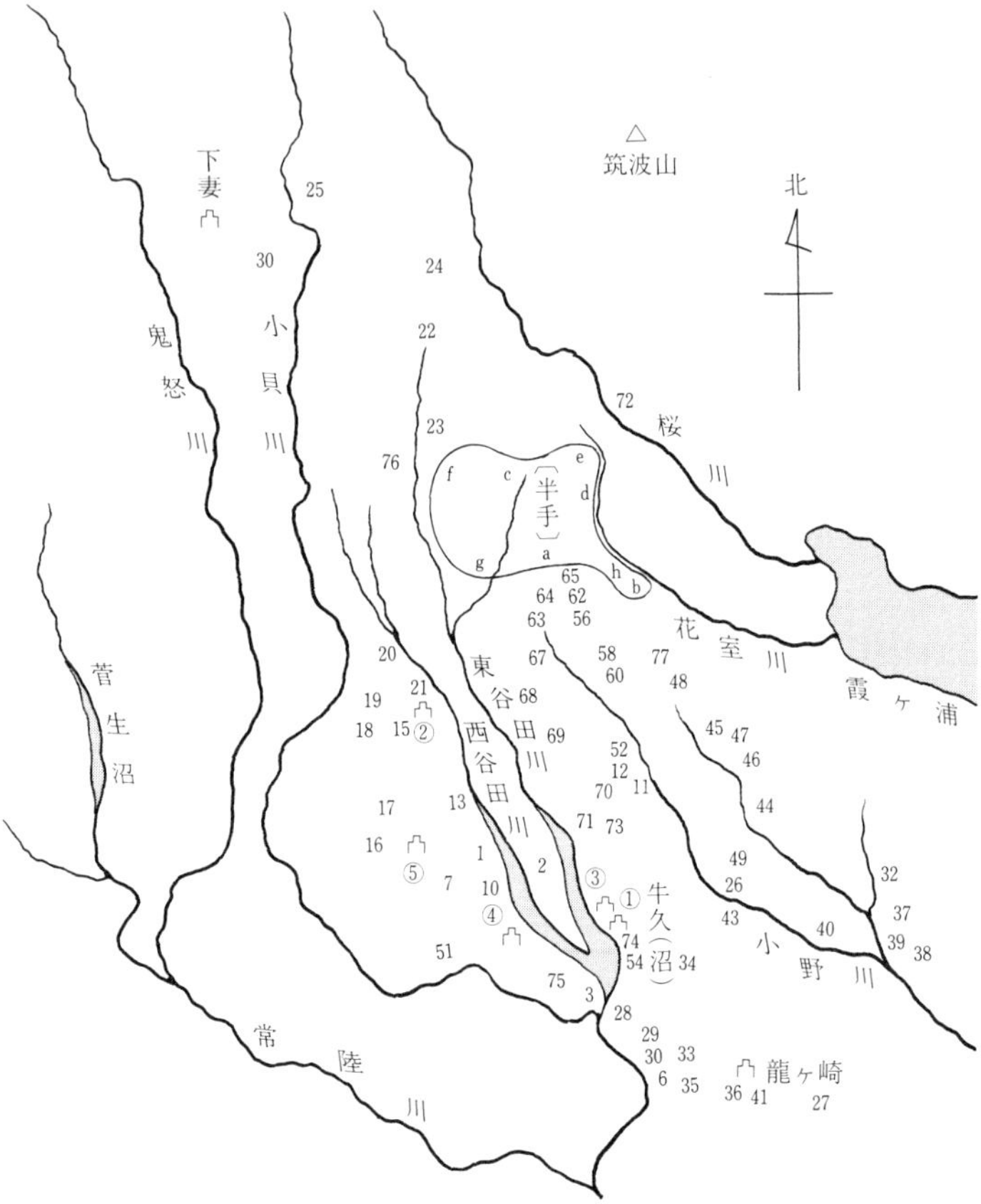

図8 「本知行并旗下・半手之覚」の岡見氏知行分布

a〜h は「半手の知行分」、①〜⑤は城、1〜79はその他知行地、番号のないものは地名比定不能。

この史料の成立年代と所領の分布について、市村高男氏は次のように述べている。

①岡見氏の支配領域については、天正八〜十年ごろのものと見られる知行覚書が残存しており、ほぼその全貌を知ることができる。（中略）これによれば、岡見氏の支配領域は、（ア）牛久市西部（牛久・岡田地区）、竜ヶ崎市若柴町一帯・茎崎《くきざき》町全域・伊奈《いな》町全域、（イ）牛久市東部（奥野地区）・阿見《あみ》町と土浦《つちうら》市の乙《おつ》戸《と》川《がわ》東岸、（ウ）竜ヶ崎市河原代《かわらしろ》町一帯、（エ）つくば市西南部（旧谷田部の北西部を除くほぼ全域、旧桜町南部）・谷和原村全域にまたがるものであった。

このうち（ア）は、中世の河内郡のほぼ全域（竜ヶ崎領となった竜ヶ崎市馴馬《なれうま》町・羽原《はばら》町一帯を除く）に相当し、また（イ）は信太《しだ》荘の、（エ）は田中《たなか》荘の、（ウ）は下総国相馬《そうまの》御厨《みくりや》のそれぞれ一部をなす。このことから明らかなように、岡見氏は中世の河内郡を超えて勢力を伸ばし、牛久・足《あ》高《だか》・谷田部の三城を中心とした牛久領・足高領・谷田部領と呼ぶべき三つの領を形成し、これを本家の牛久城主が統括することによって、複合的支配領域としての岡見領を形成していたのである。

しかし、天正半ば以降、佐竹氏と結んだ多賀谷氏がこの岡見領に進出し、まず谷田部城を攻略して谷田部領を掌中に収め、ついで板橋城の月岡氏や小張城の只越氏らを屈服させ、さらには足高城をも陥れて足高領を支配下に置くに至った。これに対して岡見氏は、残余の一族・家臣を牛久城に結集させ、土岐・菅谷両氏とともに北条氏に属してこれに対抗するが、天正一〇年代後半には、牛久・岡見・若柴《わかしば》などの諸城によって牛久沼・東谷田川東岸地域（現牛久市東部・茎崎町東部・竜ヶ崎市西端部）をかろうじて確保した以外、かつての支配領域の大半を喪失した。(6)

②この文書は、天正一〇年前後のものと見られるが、佐竹氏の南下政策が開始される一六世紀半ば以降に岡見氏の支配領域の拡大は有り得ないので、それ以前に獲得していた郷・村を列挙しているると考えてよいであろう。(7)

この地域の状況を詳細に調査した市村氏のこの見解には、異論を挟む余地はない。27〜36に、「是迄十ケ所被〻下分也」とあり、79に、「東上野之内木嶋郷（中略）是ハ小田原氏直より、小田原江参府之時、馬のかいりやうニと、御意ニて拝領之知行也」とあり、北条氏からの新恩所領が特筆されているところから、この文書は岡見氏が自己の知行由緒地の全体を書き上げて北条氏に上申したものの写と考えられる。この新恩所領の中には下妻領の中に食い込んで存在する所領など、北条氏による敵地の予約宛行と考えられるものもあり、すべてがある時点の岡見氏当知行地とは考えられない。

さて、問題のa〜h「半手之分」八か村はどのような地域に存在するのであろうか。これらの村々は、霞ヶ浦に注《そそ》ぐ花室《はなむろ》川という小河川の西南部に位置し、現在の筑波学園都市の地域に分布している。多賀谷氏の下妻領と岡見氏の牛久領のやや東よりの中間地域にあたる。これらは「是迄多賀谷と半手之知行分也」とあるように、多賀谷氏と岡見氏が「半手」ずつの知行を実現していることが分かる。これは単に戦場の境界地域にあることを示すものではない。そうであるならば、多くの牛久領の村々全てが「半手」になってしまうであろう。多賀谷氏と住民、岡見氏と住民のそれぞれがともに承認しあって、年貢・公事の半分納入を村落が実現していると考えられる。

3　下野小山領の「半手」

下野南部の小山秀綱《おやまひでつな》の場合は、守護家の伝統を保持しつつ、東に境を接する下総の結城氏に弟晴朝《はるとも》を養子に送り込み、小山・結城同盟を固めて北条氏の侵攻に対抗していた。

しかし、天正三年（一五七五）春頃より本城の祇園《ぎおん》城が攻撃にさらされ、翌四年末には小山を退去して佐竹義重《さたけよししげ》に保護を求めて常陸の古内《ふるうち》宿に逃れ反攻の機会をうかがっていた。北条氏照《ほうじょううじてる》は、榎本《えのもと》城に家臣の近藤綱秀《こんどうつなひで》を配し、祇園城には武蔵などから諸氏を在城衆として送り込み、城の大改築を行い小山領の支配を固めた。天正十年（一五八二）五月に、小山秀綱は北条氏への服属を条件に祇園城復帰を実現するが、この時はもう自立した大名ではなくて北条氏の一属将に過ぎなかった。[8] この小山秀綱の復帰の前年に、小山領に「半手」の史料が出現する。

掟

当郷半手之儀者、任二侘言一候、但公事以下至レ致二如在一者、御印判も不レ可レ有二其曲一候、就レ中彼之地所江得二指南一候者、可レ被レ為レ破レ之者也、

天正九年辛巳
三月八日
はん
中里江
(「小山市立博物館所蔵文書」)

この文書は写で、印文は不明だが北条氏照朱印状と推定される。小山領の南部で思川《おもいがわ》西岸にある中里郷において、住民の「侘言」(訴え)に基づき氏照は年貢・公事の「半手」を承認した。しかし、公事などを「如在《じょざい》」(おろそか)にするならば、この印判の効力を失効させ、「彼之地所」(中里郷)を「指南候者」(配下にある者)に命じて破却すると恫喝《どうかつ》している。この場合「半手」は年貢・公事の半納であるが、おそらく住民は反攻作戦をとる小山氏からも年貢・公事を追求され、困り果てて氏照への「半手」要請に至ったのであろう。

小山秀綱の小山復帰後には、北条氏支配下の小山領と結城領との間に緊張が高まった。結城晴朝は、佐竹氏の支援を受けて境界の城として中久喜城の防備を固め、北条氏に対決した。この間に小山領南部の思川西岸の地域に再び「半手」史料が出現する。

A　せい札

右、中岫江上生ゐ・下生井半手けんみつに相定上、当洞中より乗込み・朝かけ其外小様之行可ニ

停止一、若違犯之輩ニ付而者、可レ被レ及二其御刷一者也、仍如レ件、

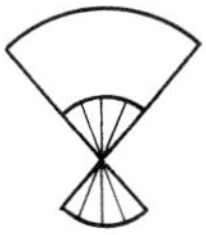

甲さる

八月廿一日

（「池沢清氏所蔵文書」）

B

制札

右、石の上半手、中岫江落着ニ付而、人民被レ為レ返候、夜盗・朝かけ・乗込以下之行、御洞中より堅被二停止一畢、若違背之輩ニ付而者、速可レ被レ及二其御断一者也、仍如レ件、

追而下国府塚も同然、

以上

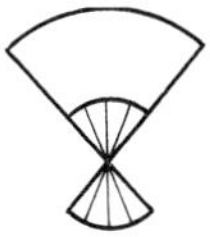

甲さる

拾月十三日

（「福田文書」、下総崎房秋葉孫兵衛旧蔵模写文書集所収）

ABともに、結城晴朝の扇面黒印が捺《お》され、Aは上生井《かみなまい》・下生井、Bは石《いし》ノ上《うえ》・下国府塚《しもこうつか》にそれぞれ「半手」を承認したものである。Aによれば、「半手」納入を厳重に定めたので「当洞」（結城領）よりの「乗込み・朝かけ」といった軍勢が出動しておこなう略奪・放火などの行為は禁止するという

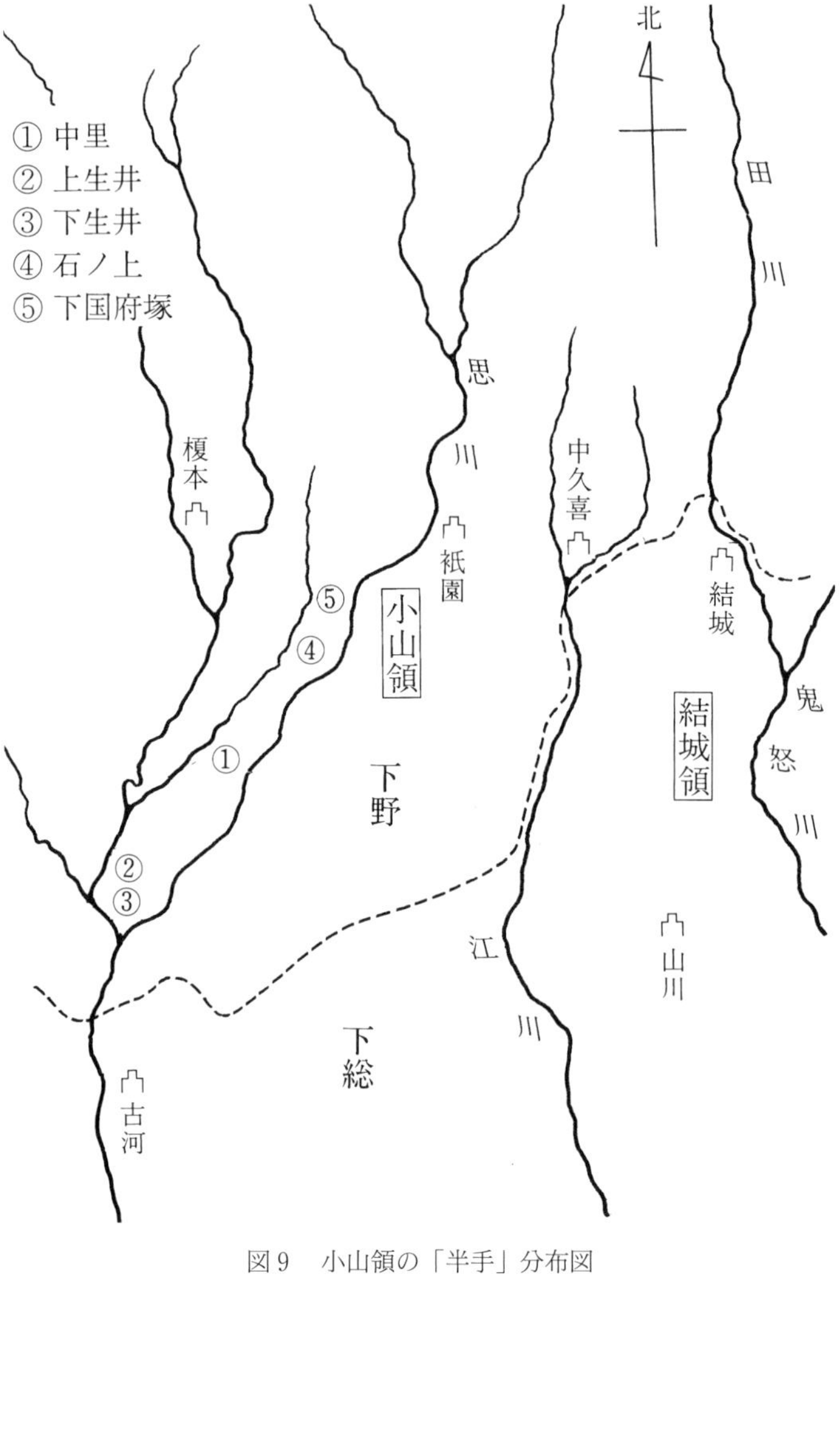

図9　小山領の「半手」分布図

ものである。Bによれば、「中岫」（中久喜《なかくき》）に「半手」を納めることで「落着」（決着）がついたので、捕らえていた「人民」（住民）を返還し、「夜盗・朝かけ・乗込以下之行」すなわち略奪行為は同じく禁止するというものである。戦乱の中で敵地への夜討・朝駈といった軍勢の略奪出動（人と物の略奪）は日常化しており、住民は多大の損害をこうむる。相戦う両勢力の「はざま」（境界領域）にあり、双方から年貢・公事などの挑発をうける。応じないと軍勢の略奪出勤の対象となる。それから逃れる手段として、住民が両者に要請して「半手」を成立させていったのであろう。

4　古河公方領の「半手」

古河《こが》公方《くぼう》足利義氏《あしかがよしうじ》は、天正十年（一五八二）閏十二月二十日に没するまで、栗橋《くりはし》城の北条氏照の保護下で古河に在城していた。古河公方支配下の古河領も、佐竹氏と結ぶ結城領・下妻領と境界を接し攻防が繰り返されて来た。天正八年に作られた古河の城内掟に「半手」の記述が次のようにみられる。

御城内御掟之事

一、敵方へ半手諸郷之者共、佐野門南木戸より内へ不レ可レ入事

右、於二御城内一見合候者、人馬共可レ取レ之、其人ニ可レ被レ下レ之事

一、火付・目付・盗賊、敵方へ通用之者、見出聞出、以二隠密一申上候者、其人之一跡可レ被レ下レ

之、若無二知行一者、当座可レ有二御褒美一事
一、毎夜廻輪切夜廻、無二闕如一可レ致レ之事
一、毎夜五ツ已後、持火可レ致二往復一、不レ持レ火者、可レ被レ処二盗賊一事
一、諸外張、六ツ已後、以二自用一不レ可レ明之事
一、博々奕不レ可レ打事
一、喧嘩口論、先手出之者、可レ有二御成敗一事
付、喧嘩至二于致一レ之者、諸奉公衆出会、無二肩聶（ママ）偏頗一、狼藉人被レ籠、栗橋へ可二申上一事
右七ヶ条之御掟、不レ可レ有二異儀一者也、仍如レ件、

辰
十月十一日
（朱印）
諸奉公中

（「喜連川文書」）

七ヶ条掟の冒頭に、「敵方へ半手諸郷之者」の規制がかかげられている。すなわち、古河領にあって敵方（結城氏や多賀谷氏）に「半手」を出している郷の住民は、古河城の内「佐野門南木戸」という特定の所から中（「御城内」）への出入を禁じている。中に入った者を発見した場合、発見者は人馬を差押え、これを取得する事ができると規定している。この文書の宛名は「諸奉公中」という家臣や在

城衆である。「半手」の郷民は半分敵方であるゆえ、内通を恐れて城内への通行を禁止しているのである。ここでは「半手」はあくまでも個人ではなくて郷単位なのである。この郷名は不明だが、おそらく古河領東部に位置する猿島《さしま》郡の地域であろう。

5　江戸湾岸の「半手」

『北条五代記』二六「戦船を海賊といひならはす事」に次の記述がある。

> 見しはむかし、北条氏直と里美義頼弓矢の時節、相模・安房両国の間に入海有て、舟の渡海近し。故に敵も味方も兵船おほく有りて、たゝかひやん(止)事なし。夜るになれば、或時は小船一艘二艘にて、ぬすみに来て、浜辺の里をさはがし、或時は五十艘三十艘渡海し、浦里を放火し、女わらはべを生捕、即刻夜中に帰海す。嶋崎などの在所の者は、わたくしにくわぼく(和睦)し、敵方へ貢米を運送して、半手と号し、夜を心安く居住す。故に生捕りの男女をば、是等の者敵方へ内通して買返す。去程に、夜にいたれば、敵も味方も海賊や渡海せんと、浦里の者にふれまはつて用心をなし、海賊の沙汰日夜いひ止事なし。

『北条五代記』は、相模三浦一族の三浦《みうら》浄心《じょうしん》が慶長年間に江戸で戦国期の体験を元に執筆したものである。三浦半島の沿岸・島は、浦賀《うらが》水道《すいどう》を隔てた至近距離にある安房からの水軍の夜間の攻撃にさらされていた。一〜二艘、あるいは三〇〜五〇艘の船で押し寄せ、盗み・放火、女童の略奪などを行っていた。(9) この対応として住民は、「私に和睦し」「敵方に年貢米を渡す」ことで夜の平穏を取り戻した。また敵方に内通して略奪された男女を買い戻す者もあったという。このように「私」（村）として敵方と交渉し、貢納物を支払い平和を獲得することを、当時「半手」と号していたことが知られるのである。

三浦浄心のこの後年の記述は、戦国末期における江戸湾岸での北条・里見両水軍の争覇のなかの次の史料からも確認できる。

A本牧郷向地江差出之地候之間、半済無レ之者、土民迷惑之由侘言候之条、伺二上意一、其償ニ、令二渡海一候、海中不レ可レ有二横合一者也、仍如レ件、

（天正四年丙子）七月二日　　氏繁（北条）（花押）

自二本牧一
木佐良津迄
海上中

（堤文書）

B態申届候、仍向地半分手之儀、一切我々ニ被レ下由、令レ持□□□屋形様被二仰出一候、海上之儀者、

一切其方へ任置間、弥相二稼半手一可レ被二申進一候、向地自二何之郷一何と申越候趣、重而委細書付可レ被二申越一候、半手納方以下之儀、野中を然与可レ被二申付一候、猶以於二海上之儀一者、畢竟其方物主任置間、少も無二相違一様可レ被二走廻一候、一、其地普請・用心以下、有二修理談合一、無二油断一可レ被二申付一候、謹言、

十月八日　　氏規（北条）（花押）

山本信濃（家次）入道殿

同新七郎（正次）殿

C　諸半手書立

百首
天神山
篠部
川名
荒井
　　野中ニ申付候
西川
青木

吾妻
江川
葛間
　　杉山
中嶋
奈良輪
　　勘助
椎津

小林　　河崎
大堀　　今土
端沢　　蒔田
半助　　以上

右、如レ此可レ被二申付一候、年来野中為二一人一申付候故、半手一切不レ調候、近年之様ニ者有間敷候、右之衆ニ申付、諸郷何與〱可二進納一様子可二申届一候、其上依二申様一半手を立郷も可レ有レ之候、又可二打別一候、此一左右約候、以上、

（天正四年）
子
三月廿八日（真実朱印）　朝比奈右衛門尉
　　　　　　　　　　　　　奉之
山本太郎左衛門尉殿

（BC山本文書[10]）

Aは、江戸湾西岸の武蔵久良岐郡本牧郷《くらきぐんほんもくごう》（横浜市中区）に関する半手（この場合は「半納」）についての史料である。本牧郷は、「向地江差出」と記されるように、対岸と近接して突出している半島状の地域の先端にある。それ故、半手《はんて》（「半済《はんぜい》」）を実施しなければ、対岸側からの里見水軍の攻撃を受け、住民が被害を受けるということで「侘言《わびごと》」（訴え）があり、北条氏の上意によって承認が得られ、その

「償《つぐない》」に渡海することとなった。北条側の江戸湾水軍を管轄する三崎城主北条氏規配下の山本氏に対して、本牧郷の知行主である玉縄《たまなわ》城主北条《ほうじょう》氏繁《うじしげ》は、本牧郷の船の「木佐良津《きさらづ》」（木更津）までの航行の安全を保障するよう配下の「海上中」（水軍）に指示しているのである。

問題は文中の「伺二上意一、其償ニ令二渡海一候」の解釈で、盛本氏は、本牧郷住人の半手要求に対して、氏繁は北条《ほうじょう》氏直《うじなお》の上意をうかがった上で、この要求を拒否して、その代りに海上の安全を保障するように指示したとしている。[11]すなわち、半手が成立しなかったとみている。しかし、却下とは読みとれず、「償」が誰に対するものかの解釈がポイントになると思う。盛本氏は、北条氏が半手却下の代償として海上航行の安全を保障したという見解である。「償」は、銭貨や労働を支払って罪や損失・負債を補うことであり、北条氏が本牧郷に対して「償」をするというのは不自然である。この場合は、北条氏の上意によって半手が止むを得ないこととして承認され、半手の年貢銭や略奪された婦女子などの人質返還の身代銭など（これが「償」の内容）を持って本牧郷の船が「向地」（敵地）の木更津へ赴くことになり、その航行安全を保障するよう北条方の水軍に命じたものと考えられる。

このような江戸湾西岸地域において、本牧以外にも半手の成立をみたことは、「北条記」の記述からも類推される。

B・Cは、江戸湾東岸の房総地域に成立した半手に関する史料である。Bは三崎城主《みさきじょうしゅ》北条《ほうじょう》氏規《うじのり》は、浦賀《うらが》に本拠地を持つ山本氏に対して、「向地半手」の郷々が氏規の管轄下に入り、半手問題についての「海上之儀」（海上の航行安全保障）を浦賀に本拠を持つ水軍の山本氏に委任し、「半手納方以下之儀」（半手の徴収など）は野中に委任したと記している。ここに半手をめぐる分担関係が明示されている。なお、「海上之儀」は、半手を承認した味方地・敵地の船の航行安全保障に留らず、「弥相㆓稼半手㆒可㆑被㆓申進㆒候」とあるように、「向地」（敵地）に攻撃をかけ、略奪・放火などを行い、郷村を屈伏させて半手の郷を拡大していく行為を命じているのである。

Cは、江戸湾東岸（安房・上総）の半手の郷々が、南から北に並べて記載され、それぞれグループとなって半手収納の役割分担が記されている。当初は野中一人に申し付けたところ「半手不調」（半手の徴集が滞った）なので、このように分担させたとある。この諸郷が半手を納入することを見届けることを命じている。おそらく半手徴集役の手を経て浦賀で徴集したのであろう。「依㆓申様㆒半手を立郷も」「可㆓打別㆒」郷もあろうと記しているところから、こちらの働きかけや状況の推移によって、新たに半手を立てる郷も半手を解消する郷もあろうと述べているところから、半手地域の流動的な状況がうかがえる。

すなわち、北条水軍・里見水軍の両者とも目と鼻の先の「向地」（敵地）の郷々に夜討・放火・略奪などの攻撃をかけて、半手の郷を成立させ勢力の拡大を図っていたことがわかり、これが湾岸戦争の様相を呈していたことが知られる。この戦争は戦国末期の天正段階においては、北条氏の優位のうちに展開され房総側に多くの半手の郷の成立を見たことが確認される。

6　遠江の「半手」

広域の流通活動に従事する商人と「半手」の地域との関係が問題となるが、この点に関して遠江国の武田・徳川両氏の境界領域における次の文書がある。

　　定　於半手商売之事

一、出合之様子、償銭如二取替一、於二水川之郷一、互河端へ出合可二商売一事

一、自二敵方一、鉄砲并鉄無二相違一出レ之候者、弐百疋、三百疋之夫馬可レ遣レ之事

一、書付之外之商人、商売可レ停二止之一、若違犯之族、見合荷物等可二奪捕一事

右、守二此旨一、自今以後、可二商売一之者也、仍如レ件、

九月晦日　　（穴山）信君（花押）

　松木与左衛門尉殿
　畠河次郎右衛門尉殿
　山本与三左衛門尉殿
　星野七郎左衛門尉殿
　市野利右衛門尉殿

太田四郎左衛門尉殿
山地緒兵衛殿
大西茶右衛門尉
多喜二兵衛殿
伴野二郎兵衛殿
（「友野文書」判物証文写）[12]

天正三〜八年（一五七五〜八〇）の間、当時の駿河の江尻《えじり》城主であった穴山信君《あなやまのぶきみ》は、三ケ条の定書を作り、①敵方商人との交易は、あたかも「償銭」（人質取戻の身代金か）を取り替わすように大井川中流域の榛原《はいばら》郡水川《みずかわ》郷の川端で行う、②敵方から鉄砲ないし鉄が相違なく出てくる場合は、二〜三〇〇匹の夫馬を派遣する、③この書付に記された松木与左衛門尉ら一〇名の商人以外の商売を禁止する事などを定めている。

この場合タイトルの「於半手商売」とは、「半手商売」ではなく「半手における商売」なのであって、武田・穴山勢力と徳川勢力との軍事的境界領域をなす大井川流域の「半手の地」水川郷における商売を規定したものと考えられる。この史料に見られる限り、笹本正治氏が指摘するように、松木以下を「半手」すなわち両属の商人と理解し、その無縁性を強調することはできないのである。[13]

なお、遠江の府中周辺に位置する見付宿に関する次の史料がある（成瀬文書）。[14]

信玄公度々遠州江御出被レ成候付、町人百姓以下其所ニ居住仕候儀不ニ罷成一、在所を遁、能所を見立寄合罷有申候、御年貢を半分つゝも信玄公之方へ上ケ可レ申と申候得ハ其所へハ夜打乱取杯入不レ申候、然共見付之者共之儀ハ、権現様江御奉公仕、其上信玄公之方へ年貢出シ可レ申とも不レ申居留リ罷有候付、信玄方より度々夜打乱取を入申候、

見付の町人・百姓（農民）は、侵攻して来る武田信玄方に対して半手の誘惑を拒否して、「夜打乱《ようちらん》取《どり》」（夜襲・略奪）に耐えて山野に逃れ、また烽火を打ち上げるなどの役を勤めて徳川方に尽した労苦が認められて、戦後に畑方年貢の定免一五〇貫という権益が与えられたことを記したものである。この場合は、半手は成立しなかったが、記述から周辺の郷村における半手の成立を類推することができる。

7　中立地域の成立

以上、「半手」史料の紹介とその解読に終始した感があるが、一応のまとめをして雑駁な論考を閉じたいと思う。

東国における半手の初見は、永禄二年（一五五九）に作成された「小田原衆所領役帳《おだわらしゅうしょりょうやくちょう》」の津久井衆の部分の記載である。[15] 甲斐との国境に接した相模川《さがみがわ》の上流の津久井郡《つくいぐん》（藤野町《ふじのちょう》）、相模湖《さがみこ》（人造湖）、

西の周辺に分布する吉野《よしの》・沢井《さわい》・小渕《おぶち》・日連《ひづれ》・那倉《なぐら》の五か村が「敵知行半所務」「是も半所務」などと注記されて半手が成立していることが知られる。甲斐国の郡内《ぐんない》方面に進出する武田氏有力武将小山田氏と北条氏の津久井衆との軍事境界領域に設定された半手の郷（村）である。

次いで、「長楽寺《ちょうらくじ》永禄日記《えいろくにっき》」永禄八年（一五六五）七月二十四日条に「此口近日乗籠可レ致之用意之段、自二半手地一申越」とあり、利根川を越えて新田《にった》領への北条氏方の侵攻計画の情報が利根川縁辺の半手の郷からもたらされていることが知られる。半手の郷は相互の情報交換・収集の場となっていたのである。

東国における軍事的境界領域における半手の成立は、北条・武田・上杉の三つ巴《どもえ》の争覇が開始される十六世紀中葉からと考えられる。これは、南北朝時代に相論などの結果として所領や年貢を折半する半済や半役などに系譜を引き、戦国動乱のなかで新たな意味内容が付加されて成立していったと考えられる。

戦国期の軍事的境界領域に出現する「半手」は、相争う二つの勢力と両属関係を持つ村落の状態を意味する。この関係は、年貢・公事の折半ないしある配分での両者への拠出をともなう。村落の側からいったら、一定量の年貢・公事は出すがその分け取りは折半にして欲しいということになる。敵方の侵攻を完全に阻止できない領主権力は、危機管理能力の有無を問われ、敵方に年貢・公事の半分ないし一部を出す事を承認ないし黙認せざるを得ないのである。

戦争と略奪と貢納が三位一体として展開された戦国期にあって、この「半手」は村落住民の略奪への対抗策として打ち出され、各地で相対立する二つの勢力の境界領域において成立した。

「半手」の「手」は、人間の相互関係、人間集団の帰属関係、あるいは支配関係をしめす語で、「当手」「手の者」「手下」「手人」「手勢」「〜の手」「手先」「相手」「敵手」「好敵手」などと使われる。「当手」(味方)と「相手」(敵方)の戦闘状態の中にあって、両属関係にあることを示す用語が「半手」と考えられる。この場合、年貢・公事の折半が合理的であるが、すべての場合にこの条件が適用されたとは限らず、多様なケースがあったと考えられる。要するに両属関係が「半手」の本質であり、いかなる貢納物や労役を負担するかは三者の置かれた条件によって決定されたと考えられる。

「半手」は、先に新田領の場合に示したように相対立する勢力にとって情報収集と交易の場になっている。天正十年(一五八二)二月十六日、織田信長・信忠軍の侵攻によって武田勝頼が滅亡の危機にさらされている時、北条氏政は武蔵鉢形《はちがた》城の北条氏邦に書状を送り、西上州の「半手之郷」において情報を収集せよと命じている(「武州文書」秩父郡三上亀吉所蔵文書)。

「半手」の創出の結果、境界領域に「敵・味方キラヒナキ」両属の中立地域が部分的にせよ成立することになる。これが拡大していけば戦争が抑止され、下からの「平和」が実現していくことになるかもしれない。

これらの中立地域は、礼銭を支払って「当手軍勢・甲乙人之乱暴狼藉停止」などといった制札を与えられた村落と同じなのか、はたまたどう異なるのか、ということが問題となろう。また、「半手」の地域が水陸の交通の要地と考えられ、その関連の解明の必要も感ずる。これらの点については今後の課題としたい。

最後に半手の語源についても考えておきたい。十一世紀末の古歌（「堀川院御時百首」[16]）に、

宿させに朝毎稲を干すよりは　はてにゆひてそかくへかりける　隆源

とあり、稲束を一把ずつ根本に束ねて二つに振り分けて架木に懸けて干すことが「はて」と表現されている。この稲干しの呼称は、①ハサ・ハザ、②ハセ・ハゼ、③ハデの三系統の呼称が地域によって分かれ、①は青森・秋田・新潟・富山・石川・福井・岐阜・愛知の各県に拡がり、②は岩手・宮城・山形・福島・群馬・和歌山・山口に分布する。③は、福島の南会津、群馬の桐生・富岡両市、新潟の東蒲原郡《ひがしかんばらぐん》、鳥取では伯耆《ほうき》全域、島根・岡山・広島に分布する。その他、③の変形として④ハッテが、栃木県東北部の黒羽《くろばね》・馬頭《ばとう》町、群馬の大間々《おおまま》町・小持《こもち》村・利根郡全域から上越国境三国峠《みくにとうげ》を越えて湯沢《ゆざわ》から十日町《とおかまち》市にかけて東西に長く分布している。[17] これらの③のハテ、④のハッテの系統は少なくともこの半手と語源を共有していると思われる。

すなわち、稲穂という収穫物を振り分けて折半するということである。このことを仮説的に提示して、今後さらに検討を加えていきたい。

注

（1）『日本の社会史』2巻「境界領域と交通」所収の諸論考（岩波書店、一九八七年）。

（2）松岡進「戦国期における『境目の城』と領域」（石井進・萩原三男編『中世の城と考古学』新人物往来社、一九九一年）。斎藤慎一「境界認識の変化――戦国期国境の維持と管理――」（『信濃』四六巻一一号、一九九四年）。

（3）秋山伸隆「戦国期における半納について」（『芸備地方史研究』一二五・一二六合併号、一九八〇年）、『中国大名の研究』（『戦国大名論集』六、吉川弘文館、一九八四年に転載）。岸田裕之「『新出岡家文書』について――その翻刻と解説――」（『史学研究』二〇三号、一九九三年）。山本浩樹「戦国大名領国『境目』地域における合戦と民衆」（『中世史研究』一九号、一九九四年）、市村高男「戦国期東国の土豪層と村落――小山家臣大橋文書の検討を中心として――」（『歴史と文化』四号、一九九五年）。

（4）湯山学「戦国時代の六浦・三浦――房総との関係を中心に――」（『中世房総』二号、一九八七年）。笹本正治「戦国大名武田氏の市・町政策」（『武田氏研究』九号、一九九一年）、盛本昌広「東京湾の安全保障」（『戦国史研究』三〇号、一九九五年）。その後、盛本氏は「戦国期における境目の地域と戦争」（『そうわ町史研究』四号、一九九八年）、を発表している。

（5）市村高男「中世龍ヶ崎の歴史」（『龍ヶ崎の中世城郭跡』（『龍ヶ崎市史』別編二、一九八七年））。

（6）市村高男「常陸南部における中近世の支配関係と牛久地域――牛久市域形成の前提を考えるために――」（『牛久市史研究』一号、一九九一年）。

（7）市村高男「戦国期常陸南部における地域権力と北条氏――土岐・岡見・菅谷氏の消長――」（『戦国期東国の都市と権力』思文閣出版、一九九四年）。

（8）市村高男「下野小山領の構造と北条氏の分国支配」（『戦国期東国の都市と権力』思文閣出版、一九九四年）。

（9）藤本久志「戦場の奴隷狩り・奴隷売買――戦場の社会史によせて――」（『内乱史研究』一五号、一九九四年）は、この史料を引用して戦場における奴隷狩りの例証の一つとしている。

（10）この文書は、黒田基樹「『越前史料』所収山本文書について――後北条氏文書二十三点の紹介――」（駒沢大学『史学論集』二一号、一九九一年）で初めて紹介され、その後に盛本昌広「戦国時代の六浦・金沢」（シンポジューム『六浦・金沢の歴史を考える』二、一九九八年、後に「戦国時代の久良岐郡」『六浦文化研究』九号、一九九九年として発表）、滝川恒昭「上総天神山湊と野中氏」（『千葉県の文書館』四号、一九九八年）、則竹雄一「戦国期江戸湾の海賊と半手支配」（悪党史研究会編『悪党の中世』岩田書院、一九九八年）、などのすぐれた成果を生み出すことになった。

（11）盛本氏前掲稿、注（10）。

（12）この文書は、天正三年（一五七二）長篠の合戦以後に徳川家康が駿河方面に進出する頃から、天正八年に穴山信君が梅雪を称するまでの間の発給と推定される。柴辻俊六氏の御教示による。

（13）笹本氏前掲稿、注（4）。

（14）成瀬文書、延宝二年七月七日見付町畑定納由緒書上控（磐田市成瀬忠重氏所蔵）、なおこの文書は『静岡県史料』第五輯遠州古文書（角川書店、一九六六年）に収録されているが、解読の誤りを藤木久志氏の御教示による写真版で補正している。この文書の存在は、故田中克行氏の御教示によって知り得た。

（15）村田精悦氏の御教示による。

（16）『群書類従』一一輯。河野通明「稲の掛干しの起源についての基礎的考察」（国立歴史民俗博物館研究報告『中世食文化の基礎的研究』一九九七年）。

（17）『日本民俗大辞典』下（吉川弘文館、二〇〇〇年）のハサの項（浅野明氏執筆）。

〔付記〕　半手論は、一九九〇年代に中世史研究者の関心を呼び起し、中国地方の半手（「半納」）に関して、前述の秋山伸隆・山本浩樹氏の研究があり、全国的視野から総合した稲葉継陽「中世後期における平和の負担」（『歴史学研究』七四二号、二〇〇〇年度歴史学研究会大会報告）に結実している。

五　秀吉軍関東襲来時の戦場のなかの文書

1　戦乱・平和と政治

天正十八年（一五九〇）三月～七月、豊臣秀吉は大軍を率いて関東侵攻を行い、関東の過半をその勢力下に収めていた北条氏を滅亡させ、奥羽を含めて全国統一を成し遂げた。これによって関東・奥羽の政治地図は一変し、軍事的征服による全国的な平和状況を一挙に実現することとなった。約四～五〇〇年以前に日本列島に展開された戦国動乱とその終焉に思いを馳《は》せて、当時の戦争の実態や平和・安穏への人々の営み、それらと政治的支配との関係などを考察してみたいと思う。

本章は、このような戦乱史研究の史料学について検討しようとするものであるが、主としてこの侵攻のなかで作成された一通の文書を通して「戦乱・平和と政治」という永遠のテーマの一端に触れてみようと思う。

この過程で秀吉の有力武将前田利家《まえだとしいえ》は、上杉景勝《うえすぎかげかつ》・木村一《きむらはじめ》らとともに北陸筋から関東に侵攻し、四月下旬に上野《こうずけ》の松井田《まついだ》城を攻め落とし、その後も引き続いて上野などの諸城をつぎつぎに開城させ、六月に入ると武蔵の鉢形《はちがた》城攻めを行っていた。六月二日この鉢形の陣中から、利家は一通の書状を小田原の秀吉本陣に向けて発送した。この一通の書状によって、この征服戦争の様相とその性格を垣間見てみようと思う。

2　六月二日前田利家書状写

この文書は、山中山城守文書(1)のなかの一通で、豊臣秀吉の奉行人（右筆）の山中山城守（長俊《ながとし》、橘内と称す）家に伝存されたものである。文書は、前田利家から山中と同様の秀吉奉行人（右筆を兼ねる）である安威《あい》摂津守（守佐）に宛てたもので、安威を通じて五点の諸案件について秀吉に言上してその指示を仰ぐという内容である。次にその全文を掲げる。

態言上仕候、

a上野国御代官、石田治部少輔（三成）ニ被二仰下一候、武蔵国ハ割合手寄〳〵被レ仰ほと、御書立浅野（長吉）・木村（一）かたへ被レ遣候事、

①一、当夏成之儀、武蔵・上野納所時御座候条、御代官をも可レ被二仰付一候哉、過分之御事ニ候間、此時分より被レ成二御糺明一、可レ為二御尤一候哉事、

b 御判銭事、久斗利家(前田)次第取揃可レ致二進上一事、

② 一、在々御制札之御朱印、賦遣御帳ニ注置申、御礼銭之儀進上ニ可レ申由、在々より申候間、これも誰そ可レ被二仰付一候哉事、

c 城々入置人数、其儘可レ置候事、

③ 一、今度拙者請取申城々七、八ヶ所御座候、我等人数入置候、御留守居をも可レ被二仰付一候哉、但我等者其儘可二置申一候哉、御掟次第之事、

d 御礼銭事、是も利家分別次第可レ仕事、

④ 一、新田・桐生之城も拙者請取申候、然者御礼銭可二上申一之由申候条、只今申噯半御座候、自レ是可二申上一事、

e 城々兵粮付記帳を、浅野弾正かたへ遣旨尤候、其兵粮共を以景勝(上杉)・利家手前人数如二帳面一扶持方事、弾正(浅野)相談可二請取一事、

⑤ 一、我等請取申城々兵粮之儀、明細ニ付注、浅野弾正少弼(長吉)へ相渡申候事、

右所レ仰、何も被レ達二　上聞一御内証具可レ被二仰越一候、可レ然之様御取成所レ仰候、恐惶謹言、

六月二日　　　羽柴筑前守

利家判

安威摂津守殿

「うつし」

この文書は、末尾に「うつし」と記され、差出人の所には「判」とあり案文である。利家から五項目の質問状が提出されており、その各箇条ごとに追而書のように同筆で小文字の文章が付けられている。しかし、この内容は明らかに利家の質問状の追加ではない。内容を子細に検討してみると、質問の内容を受けて、それに関する回答文となっている。各項目の内容は次のようになっており、各論点の質問（Q）①～⑤に対して、各回答（A）a～eが配されていることになる。

① 夏年貢徴収のための代官の任命、
② 制札の下付によって取得した礼銭の処理、
③ 攻め落とした城の守備、御留守居役か利家の手の者か、
④ 上野の新田・桐生の城請取の際、取得した礼銭の処理、
⑤ 攻め落とした城の兵粮の処理、

この文書の作られ方は、その末尾に「何も被レ達ニ上聞一御内証具可レ被ニ仰越一候、可レ然之様御取成所レ仰候」と記した利家の要請の各項目のすべてについて、奉行人（安威か山中か）が秀吉の「御内証」（内々の意向）を伺い、その回答を各項目の前の余白に書き込んだものと考えられる。その正文は前田利家のもとに返送され（現在未発見）、その際作成された案文がこの文書である。ここには一紙のなかに利家の質問と秀吉の指示が対比して記されているという稀有な複合文書の体裁となっている。こう考えると、安威と山中の奉行人としての共同作業の結果として、安威宛の文書が山中に伝来した意味が解ける。このような複合文書は、古文書学の上では勘返付《かんべんつき》[2]書状といわれるものである。

3　前田利家書状の解読とその内容

次に、各項目の大意を質問（Q）と回答・指示（A）を並べて記すことにする。

表5　前田利家の質問と豊臣秀吉の指示

	Q（前田利家の質問）	A（秀吉の指示）a〜e
①	武蔵・上野の「夏成」（麦年貢）徴収の時期なので、徴収のための代官を任命して欲しい。「過分」（相当な作業）であるので、今から厳しく徴発されたらいかがかと思う。	上野には石田三成を任命する。武蔵は分割して頼みになる者を任命する。その書付（代官の配置か）は浅野（長吉）と木村（一）に遣わしてある。

②	手渡された制札（秀吉の朱印状）は各地で配布し、帳面に記載している。その際に受け取った各所（武将）から礼銭を進上する旨申しているので、これは誰に届けたらよいか。	「御判銭」（礼銭）は「久斗」（きっと、必ず）利家が取得次第に取り揃えて進上すべきである。
③	利家が「請取」（開城）させた城は七、八か所あり、ここにはひとまず利家の手の者を置いているが、ここには正式の御留守居役を派遣してもらえるのか、それともそのまま利家の手の者を置いておくのでよいのか、「御諚」の旨に任せたい。	そのまま、利家の手の者を置いておくのでよい。
④	新田・桐生城の「請取」の際、（降伏した城将から）取得した礼銭は上納することになっているが、まだその扱いが中途半端になっている。こちらから進上しようと思う。	この礼銭も、利家の考えに任せる（進上しなくてもよい）。
⑤	請取った城々の兵粮は、明細を注記し浅野長吉に渡すことになっているが、（そういうことでよいのか）。	城々の兵粮の実状を記帳し、その帳面を浅野長吉に渡すのが適当である。その上で兵粮を上杉景勝や利家の所属する兵の食料分に、記載帳面から支給することについては、長政と相談して受け取ってよい。
結び	右の件について、いずれも秀吉に申し上げて、その御意向をこちらに知らせて欲しい。よろしいようにお取りなしをお願いしたい。恐惶謹言。	

以下、この書状の内容に即して検討を加えたい。

①は、夏年貢徴収のための代官任命が問題になっている。石田三成《いしだみつなり》は小田原から北上して、この書状日付の直前の五月二十九日に上野の館林《たてばやし》城を攻め落とした。引き続いてこの地にあって上野の経略にあたっていたので、上野代官に任命されたと思われる。しかし、上野で石田が代官として夏年貢の徴収に当たった史料は発見されていない。天正十八年（一五九〇）年六月二日は、グレゴリオ暦では七月三日にあたり、関東地方では麦の収穫はほぼ終わっている。この戦乱の中で「麦秋期」に上野・武蔵を経廻った利家の目にはこの麦が印象に残り、麦収穫後の年貢徴収に大きな関心を寄せたと考えられる。

②では、村・町・寺社などから要請を受け、制札を下付した際に徴収した礼銭が問題となっている。豊臣秀吉の軍団の長は、秀吉からまとまった制札の交付をうけ、それを各地に転戦している配下の武将に交付し、武将はそれを村・町・寺社に下付している。五月三日に浅野長吉と木村一は、制札一〇〇枚を請求して秀吉より預かり、それを持って江戸城から鉢形城へと出動していることが知られる（後掲の豊臣秀吉朱印状、富岡家蔵文書）。利家もこの程度の制札を所持していたと思われる。そして制札の下付先や礼銭の額の記帳が義務付けられ、その礼銭は利家の所に集められて最終的には発給者の秀吉のもとへ納入されることになっていたのである。

③は、開城後の城の防備に関する問題である。これより以前、五月二日付の前田家臣河嶋重続《かわしましげつぐ》の伊

達家臣片倉景綱《かたくらかげつな》・原田宗時《はらだむねとき》宛書状（伊達家文書）は、関東の諸情勢を伝えて伊達政宗《だてまさむね》の小田原参陣を要請しているが、そのなかの一箇条には上野・武蔵北部の状況について次のように述べている。

筑前守働之口上野筋之儀、松井田城落居ニ付而、箕輪・厩橋・石倉・西牧之高田明渡皆々被二請取一候、人数入置候、新田・ふかや（深谷）・おし（忍）・江戸・河越・佐野・足利已下悉相済、五三日之内ニ何も人数を遣、可二請取一ニ候事、

これらの城には、この時点ではまだ完全に開城していない忍城なども含まれているが、多くは攻め落としているもので、利家書状の「今度拙者請取申城々七八ケ所御座候、我等人数入置候」という城は、おおむねこれらに該当すると思われる。その場合に、秀吉の命令によって別の「御留守居」役が指定される場合があるので、利家はこの御留守居役について秀吉の意向を問うているのである。その回答は、利家の手勢をそのまま入れ置けというものである。

また五月三日付の浅野長吉・木村一宛の豊臣秀吉朱印状（富岡家蔵文書）(3)には、次のようにある。

江戸城俵物改之注文披見候、城中掃除以下申付、御座所拵、玉縄ニハ瀬多掃部守・生駒主殿正を置候て、その城ニハ松下石見守・古田織部召寄可二入置一候、河越城羽柴筑前守請取候、一左右次第相越、彼城兵粮・武具等入念可二改置一候、則鉢形城へ可二相動一候、不レ可レ有二由断一候、次制札事、如二申越一百枚遣レ之候、猶山中橘内可レ申候也、

五月三日　（秀吉朱印）

浅野弾正少弼とのへ
木村常陸介とのへ

ここには、玉縄城（瀬多《せた》掃部守《かもんのかみ》・生駒《いこま》主殿正《とのものかみ》）、江戸城（松下《まつした》石見守《いわみのかみ》・古田《ふるた》織部《おりべ》）、河越城（羽柴筑前守＝前田利家）の御留守居役に任命された人物が記載されている。また浅野・木村は江戸城の兵粮を調査しその注文を秀吉のもとに送っており、城中の掃除と秀吉の御座所の設営を命じられ、諸城に赴いて兵粮・武具の調査を行うよう命じられている（⑤と対応）。さらに、ただちに鉢形城攻撃に向かうようにも指示されている。この時に、②の制札に関する記述が見られ、浅野・木村の申請によって一〇〇枚の制札が支給されていることがわかる。軍団の長は秀吉の奉行人から手渡された制札を持って侵攻作戦に赴いたことがここで明確に知られる。また前田利家書状aから、武蔵に関して浅野・木村両氏に対して他の武将に優越した地位と役割が秀吉から与えられていることがうかがえる。

④は上野の新田《にった》（金山《かなやま》）城と桐生城に関することである。金山城は、以前の天正十三年（一五八五）に由良《ゆら》国繁《くにしげ》を降して桐生に退去させた以後、北条氏が各地から集めた在城衆を立て籠もらせていた城である。新たに由良氏の居城となった桐生城では、秀吉侵攻のこの時点で国繁は小田原城に籠城しており、その留守を国繁老母（赤井氏）を中心に由良氏家臣が守っていた。この二城が、利家の攻撃によって開城したとき、降伏した籠城軍から「御礼銭」が拠出されたことがわかる。この銭の性格は、籠城衆の赦免金（救命金）といった性格のものであろうか。この銭については、上納すべきものとの

認識があるが、取り扱いが中途半端になっているのでその処置をうかがったところ、秀吉の回答は「利家分別次第」ということで利家の利用に任されることになったことが知られる。

⑤は請取った城々の兵粮についてである。兵粮は、その明細を記載して帳簿を浅野長吉に送ってその管轄下に置くことになっていた。しかし、利家は自軍の兵粮米として支給してもらう必要を感じて秀吉に質問したところ、その回答は、帳面記載の量をもって浅野との相談の上に上杉景勝・前田利家軍の兵粮として使用してよいというものであった。ここに開城した城の兵粮米の管理・運用をめぐる浅野と前田、そして秀吉の三者の関係を見ることが出来る。秀吉によって権限を付託され浅野が帳簿に基づいて管理権を行使し、その上で秀吉の意向によって兵粮の弾力的運用が図られていることがわかる。しかし、その一方で恣意的な運用は厳しく制約されていたと思われるのである。

③④⑤の城請取の問題である。開城した城に「御留守居役」の特別派遣ということもあるが、請取の大将がその手勢の一部を割いて守備させる場合もあり、利家の請取った上野方面では後者の場合がほとんどであった。降参した城将からの礼銭取得は、興味深い事例である。兵粮と武具は、前記五月三日の秀吉朱印状のようにひとまず城に確保することになっていたが、この礼銭は利家の才覚に任されたようである。しかし、開城させた城の兵粮も記帳して浅野の管理下に属しているが、浅野の了承のもとに前田・上杉の軍団の使用が許可されているようである。以上によって、開城後の手順は、(イ)降伏と礼銭献上、(ロ)兵粮・武具の調査と記帳、(ハ)守備主体の確定、という形で進行したことがわかる。

なお、史料には記されていないが、(イ)の段階で近年城郭史研究で注目されている「城割り」（破城）が行われたであろう。金山城の発掘調査において、「御城」（本丸）の大手虎口の右部分（通路の正面付近）に人為的と見られる崩落が見られた。この遺構は復元の段階で城割りを表現するものとしてそのまま保存することにしている。[4]

4　制札と年貢徴収

豊臣秀吉の関東侵攻の際に使用された制札すなわち豊臣秀吉朱印状は、次のようなものである（長楽寺文書）。

「天正十八年　御制札」

禁制　上野国長楽寺　田中　せら田（世良）　ゑ田（江）　ひらつか（平塚）　おうたち（大館）　やぎのま（八木沼）　かす川（粕）

已上

一、軍勢甲乙人等乱暴狼藉事

一、放火事

一、対二地下人百姓一非分之儀申懸事

右条々堅令二停止一訖、若於二違犯之輩一者、忽可レ被二厳科一者也、

天正十八年四月　日　　（秀吉朱印）

これは乱暴狼藉、放火、地下人百姓に対する非分の三項目を禁ずる制札で、上野国長楽寺《ちょうらくじ》と以下の七か村についての記載は、あらかじめ大量に準備されたものの一通に、授受の際に記入されたものである。上野では四月から五月にかけての五通の制札が遺されているが、そのうち秀吉朱印状は、この世良田《せらだ》長楽寺とその周辺七か郷村宛のもの（長楽寺文書）と大胡《おおご》領に宛てたもの（「奉之　佐野天徳寺」とある、奈良原家文書）である。その他は、松井田町宛の前田利長《まえだとしなが》・浅野長吉の連署（陳外郎文書）、下板鼻村《しもいたはなむら》宛（中沢文書）と惣社宛（総社神社文書）の前田利家・浅野長吉連署のある制札で、秀吉朱印状と同内容のものに、末尾の文言が「仍如レ件」、または「依レ仰執達如レ件」とある。秀吉朱印状の場合は秀吉への礼銭納入義務があったが、その他については当該軍団の収入になったとも考えるのか、また両者の間に礼銭額に差をつけて、取得要請者の側の選択に委ねられていたと考えるのか、今後の検討課題としたい。

制札の礼銭（「御判銭」）の額については、京都本法寺文書に天正十八年八月豊臣秀吉朱印状（石田三成宛）に次のように記載されている。(5)

御制札御判銭掟

一、上之所者、永楽銭三貫弐百文宛可レ上事、

一、中之所者、同二貫百文宛可レ上事、

一、下之所者、同壱貫弐百文宛可レ上事、
　此外ニ取次銭以下、不レ可レ出レ之、
一、御制札一ツニて村々数多有レ之所者、如レ右一在所宛上中下見計可レ上之事、
一、御判銭之儀者、永楽ニても金子ニても如二相場一可レ上レ之、筆功弐百宛儀者、一円ニ永楽ニて
可レ上之事、
　右通、堅可二申付一候、少茂非分之儀有レ之者可レ為二曲事一者也、
　　天正十八年八月　日　（秀吉朱印）
　　　石田治部少輔とのへ

日付は、関東・奥羽征服後のものであるが、その過程で形成されてきた基準をまとめて石田三成に示したものと考えられる。下付の対象となる「在所」（村・町・寺社）の規模を上中下に区分して、それに応じて三貫二〇〇文、二貫二〇〇文、一貫二〇〇文の一貫刻みの三ランクに分けて永楽銭か金貨（銭換算の相場）で納入させ、中間の「取次銭」の取得を禁止している。制札を直接下付する武将の「取次銭」（マージン）取得が従前からしばしば問題となっていたからである。また、一つの制札を多くの在所が共同で取得する場合でも、礼銭の額は一在所ごとの上中下の査定が合計されたものとなるとの判断を示している。また、請手が持参した木札に直接書くなどの場合を想定していると思われるが、その場合の「筆功」（執筆料）が別に二〇〇文の加算となっている。

豊臣秀吉軍は、侵攻の際に文章を書き朱印を捺した大量の制札をあらかじめ準備してそれぞれの武将に分配して持たせた。それをこのような基準のもとに村・町・寺社の要請に応じてその在所を文書の右下に記入して下付し、その礼銭を取得して膨大な軍事費をまかなっていたのである。これは他の戦国大名と異なるものではない。礼銭と引き替えに制札を「護符」として取得した村・町・寺社は、それを侵攻軍の正規軍兵士、あるいはどさくさに紛れて略奪などを行おうとする雑兵や「あぶれもの」などに示してその乱暴狼藉・略奪・放火を抑止しようとしたのである。

その場合には、村・町・寺社などそれぞれの自力による防衛努力が不可欠であった。武田信玄の軍勢の西上野侵攻の際、その攻撃対象となった長野氏の箕輪城の西南麓に位置する室田《むろだ》長年寺《ちょうねんじ》の住持受連《じゅれん》は、永禄四年（一五六一）十一月に一八キロメートルも南方の国峯《くにみね》陣に馳せ参じて信玄制札を取得し、その後も永禄六年にも木部陣に赴き制札を再取得した。そして箕輪落城の永禄九年（一五六六）九月に至る約五年間、戦乱のなかの寺を去ることなく、制札を振りかざして武田軍の将士と渡り合って寺を護った[6]。永禄四年、北条氏照が武蔵の福生《ふっさ》郷に与えた乱暴狼藉停止の制札では、「若違背者、可討捨」とあり、「越訴」「披露」という穏健な手段以外に違反者の「搦捕」（逮捕）や「打捨」（殺害）を認めるものもある。制札の効力はこのような自衛する主体の「自力」の発動と相まって効力を発揮したのである[7]。

侵攻軍の側から見た場合、制札を下付している地域は「味方」に転化した保護すべき対象であり、侵攻軍に協力すべき存在として意識されていた。小林清治氏が明らかにした、制札取得と引き替えに秀吉軍の資材輸送を強制された箱根底倉の住民の例は一般化できる事態と考えられる。(8) 制札の授受は、単なる一時的な「護符」にとどまらず、授手と受手の間に保護・被保護関係、その表裏にある「味方」としての協力関係の成立を意味する。制札が「加敗」「加媒」「加防」「嘉倍」など、文書によって使用される文字はさまざまであるが、「かばい」の御印判と称されている。「かばい」は「庇う」(庇護する)の語原から由来している。(9)

豊臣軍の侵攻に対抗する形で、四月に武蔵国長田郷《ながた》(横浜市南区永田)が取得した次の玉縄《たまなわ》城主北条氏勝《うじかつ》安堵状は注目される。(10)

加敗

右、西国衆出勢ニ付而、其郷之者共可レ致ニ沈輪(倫)一候間、証文遣レ之候、当城堅固之間者心安存、可レ相ニ稼耕作一者也、依如レ件、

卯月　日　　左衛門大夫(北条氏勝)(花押)

永田郷

これは、豊臣軍の侵攻を前にして意気阻喪して動揺することを防ぐために、城主が郷民の保護を約した、一種の制札である。

もしも、防御軍と侵攻軍の勢力が拮抗して長期にわたる軍事的境界領域が形成された場合には、両

軍に年貢・公事を折半して支払うという「半手」が成立することがある。これは、常陸において下妻の多賀谷氏と牛久の岡見氏の間、下野の小山領南部において、結城氏と後北条氏の間、下総の古河城の周辺、相模北部津久井郡において北条氏と武田氏の間、駿河の天竜川中流域の水川《みずかわ》郷（武田氏と徳川氏の間）、江戸湾を挟んで相模の北条氏と上総の里見氏の間など広く成立した。(11) この方式も両軍からの乱暴狼藉を抑止するという点で、制札・礼銭構造の特殊形態と位置づけられると思う。

秀吉軍の侵攻の場合は、圧倒的な軍事力によって各地を制圧し、北条氏は小田原をはじめ各城への籠城作戦を採用したため、一時的にせよ軍事的境界領域が成立しがたく、したがって「半手」の成立は見られなかったと思われる。

侵攻する軍隊と占領地の村・町・寺社が、制札・礼銭の交換を通じて取り交わす保護・被保護、協力関係の契約は、相互のオブリゲイションを生じさせ、これは新たな領主支配関係形成の出発点ともなるものである。保護・被保護関係の内容としては、単に乱暴狼藉・放火の停止に留まらず、「対二地下人百姓一非分之儀申懸」という第三条の内容とも関わり、一時逃亡した住民の還住を許容する問題もその射程に入ってくるものと思われる。すなわち、還住者保護も「かばい」（保護）の内容を構成するものと考えられるものなのである。

もしこの契約が永続的に果たされることが予想されるならば、これは年貢・公事の納入と表裏の関係になると思われる。前田利家が冒頭に示した文書の①において、まず夏年貢の徴収を提起したことは、②の制札問題と無関係ではないと思う。一方では軍隊の恣意的な略奪による食糧確保を抑止しつつ、他方では平和裡に年貢・公事徴収に移行する道筋がこの制札・礼銭の交換の中に含意されていたと考えられる。それ故に、制札・礼銭の授受は②に見られるように厳密に記録され、その帳簿とともに礼銭は秀吉のもとに届けられる仕組みになっていたのである。これによって「天下」(秀吉)による村・町・寺社への安堵の形式が整ったものと意識化され、年貢・公事納入への地ならしがここに成立していくのである。

北条氏支配下の関東の多くの住民は、秀吉侵攻軍に当面の保護を求めて礼銭を献上して制札を与えられ、年貢・公事の納入関係に移行し、やがてその平和と引き替えに「自力」の行使も抑止され、気が付いた時には幕藩制的な支配秩序の中にすっぽりと包摂されていったのである。

注

(1)　富岡謙三氏旧蔵、天理大学図書館所蔵。この文書については、この文書の追跡をしている鴨志田智啓氏の提供による。また文書の解読については、藤木久志・百瀬今朝雄・曽根勇二・齋藤司四氏の御教示を得た。

(2)　佐藤進一『古文書学入門』(法政大学出版局、一九七一年)、一八八頁。「勘返付き書状、書状の名充人がその書状に返事を書き込んで返送したもの」とある。近世に見られる下げ札(下位者の質問に答えて上位者が付箋をつけて返却する文書)につながるものと考えられる(藤田覚「付箋——その名称と機能」(『東京大学史料編纂所報』二二号、一九八七年)。なお、勘返付き書状については黒田弘子・黒田日出男両氏の御教示を得た。

(3)　横浜市立歴史博物館展示図録『秀吉襲来』一九九九年。

（4）太田市教育委員会『金山城と由良氏』一九九七年。
（5）藤木久志「戦場の村」（『雑兵たちの戦場』朝日新聞社、一九九五年）。
（6）峰岸純夫「戦国時代の制札」（筑摩書房、一九八九年）、「箕輪落城――三つ巴の争覇のなかの長野氏――」（『群馬県立歴史博物館研究紀要』一九九九年）。
（7）藤木久志「村の傭兵」（藤木・荒野泰典編『荘園と村を歩く』校倉書房、一九九七年）。
（8）小林清治「戦乱をめぐる権力と民衆」（『秀吉権力の形成』東京大学出版会、一九九四年）。
（9）峰岸前掲注（6）
（10）小野哲夫氏所蔵文書、横浜市立歴史博物館展示図録『秀吉襲来』（一九九九年）。
（11）峰岸純夫「東国戦国期の軍事境界領域における『半手』について」（『中央史学』一八号、一九九五年）、盛本昌広「戦国時代の六浦・金沢」（シンポジュウムレジメ『六浦・金沢の歴史を考える』一九九八年、後に「戦国時代の久良岐郡」（『六浦文化研究』九号、一九九九年）、滝川恒昭「上総天神山湊と野中氏」（『千葉県の文書館』四号、一九九九年）。

〔付記〕本章は、横浜市歴史博物館一九九九年十〜十一月開館五周年記念特別展『秀吉襲来―近世関東の幕開け―』において、十月三十一日に行った講演「関東戦国の終焉」をレジュメ・テープによって復原したものである。

六　戦乱の中の財産管理――中世の「埋蔵銭」について――

1　埋蔵銭の提唱

一九九五年十一月四日に東京都町田市教育委員会主催シンポジウム「銅銭の歴史学――中世の町田を探る、能ヶ谷大量出土銭の謎――」は、市内外の多くの市民・研究者の参加を得て盛会裡《り》に行われた。推定約九万枚に及ぶような大量埋蔵銭の現物と巨大な常滑《とこなめ》焼の外容器を会場に運び込んで、各パネラーから、出土銭と出土地の土層の考古学的調査結果、全国および東京都内における出土銭の概要、出土銭が埋蔵されたと推定される十五世紀前半を中心とした日本中世の貨幣流通のシステムや当時の貨幣の社会的機能、さらに出土地の町田市能《のう》ヶ《が》谷《や》を中心とした南武蔵地域の社会的状況などについて報告がなされ、続いて活発な質疑・討論が行われた。討論の最終段階で、参会者からこの大量出土銭は、誰が、何の目的で地中に埋蔵したのかという根本問題が出されたが、時間切れでこれらについて必ずしも十分煮詰めることができなかった。このような疑問はこの種のシンポジウムで必ずといってよいほど出されるものであるが、研究者のあいだで一致した見解が形成されておらず、当日の司会を担当していた私は、両説を併せ述べて参会者に考えていただくということでこの会を締めくくらざるを得なかった。(1)

能ヶ谷の場合のような大量出土の銭貨の埋蔵理由については、A「備蓄銭論」、B「埋納銭論」の相対立する二つの仮説がある。Aは、従来から主張されてきたもので、地下から発見される大量の出土銭を備蓄銭ないし備蓄古銭と称し、地中に備蓄し、やがて必要時に掘り返して使用する経済的銭貨と理解している。「備蓄」とは万一に備えて蓄えておくという意味であるから、土蔵や屋敷の床下に貯蔵して置くというのが一般的イメージであろう。そして、利潤の備蓄、寺社造営あるいは新規の営業資金のための備蓄などが考えられ、この主唱者には鈴木公雄氏があげられる。(2)ところが近年、大規模な開発工事や考古学的発掘によって大量出土銭貨が急増するなかで、これに当てはまらないような事例も増大した。このような状況下で、このAの考え方に対する批判として、また社会史研究の盛行のなかで橋口定志・網野善彦両氏によって主張されるBが登場し脚光を浴びてきた。この説は、大量出土銭を境界の祭祀として埋納した銭貨、あるいは人々が開発行為を行う際に土地の神仏に捧げる呪《じゅ》術《じゅっ》的な銭貨であるとし、神仏から土地の用益権《ようえきけん》を買い、ないしはその許可を得てから開発・用益しなければならないという観念の存在を前提とするものである。(3)

土木工事や耕作の過程で不時に出土し、あるいは発掘調査の遺跡から出土する銭貨（出土銭）には、三枚ないし六枚を基準にして墓坑《はかあな》から出土する六道銭《ろくどうせん》、新生児の「胞衣《ほうえ》」（エナ・胎盤《たいばん》）とともに壺に納めて埋納する胞衣壺銭、経塚に副葬される銭貨、寺社・殿舎などの地鎮具《じちんぐ》に随伴する地鎮銭などの総じて呪術的な埋納銭といわれる銭貨がある。その一方で、ほぼ一貫文（一〇〇〇枚）以上の銭が壺・甕・木箱・布袋《ぬのぶくろ》に入ったり、あるいはむきだしのままで土中に埋蔵されていたものが出土する。これらはA説では大量出土銭とか、Bでは一括埋納銭と称されているが、この銭貨の性格をめぐって学説対立がみられるのである。しかしどちらの説も、この銭貨が一〇〇文（実際は九七枚前後）を紐で通して両端を結び目にする緡《さし》で固定した埋蔵当時の流通銭の状態を示しており、貨幣流通史の資料となる点では一致しているので、備蓄銭か埋納銭かに議論を集中するのは無意味だという見解もある。

私は、基本的にA説を支持するものであるが、備蓄銭という名称は貨幣の貯蔵のみを自己目的にするかのように誤解されるむきもあるので、多様な目的で埋めた大量備蓄（一括埋納銭）を「大量埋蔵銭」（単に「埋蔵銭」）と称することを提唱しているので(4)、以下この用語を使用することにする。

2　呪術的埋納銭論批判

橋口定志・網野善彦・内山俊身氏らによって主張されている呪術的埋納銭論を検討してみる。橋口氏は「『埋納銭』の呪力」(5)、ついで「銭を埋めること――埋納銭をめぐる諸問題――」(6)を発表し、出土銭についての研究史を総括するとともに、各地の出土遺跡の分布と時系列を検討し、そのうえで出土状態の類型化を試み自説を展開している。これらにおいて埋納銭の主張の根拠となっているのは次の諸点である。

①平安京左京八坊七町に位置する東塩小路遺跡の大量埋蔵銭は、十四世紀前半の南北朝内乱期にこの地域の有徳人《うとくにん》が緊急避難的に埋蔵したものとされているが、この地域がこの時期に共同墓地化することと関連して冥界《めいかい》の主から墓地を買い取るための行為を示す呪術的銭貨で、掘りだしてはいけないものと観念されていた（後の土坑が掘られた際にも掘り出されていない）。新潟県神林《かみばやし》村長松寺遺跡の場合もこれに該当する。

②普請・作事に伴う地鎮行為として、神奈川県綾瀬市宮久保《みやくぼ》遺跡、東京都町田市小山田《おやまだ》一号遺跡、富山県上市町江上《えがみ》B遺跡、岩手県花巻市笹間《ささま》館、鎌倉市光明寺境内、茨城県常陸太田市正宗寺境内などがあげられる。

③都市的領域や城館の周辺あるいは郡境界周辺から出土する境界祭祀（呪術）として、青森県市浦《しうら》村十三湊《とさみなと》、福井市一乗谷《いちじょうだに》朝倉氏遺跡、埼玉県和光市白子《しらこ》、町田市能ケ谷《のうがや》、函館市志海苔《しのり》の例などをあげている。なお、内山俊身氏は下妻市大木の事例を、『一遍聖絵《いっぺんひじりえ》』地頭屋敷の堀から銭を掘る例と関連させて館の境界呪術としている。(7)

④以上のような遺跡と関係なく単独で出土する八王子市南大沢の多摩ニュータウン四八四号遺跡、

同三九五号遺跡、千葉県八千代市井戸向《いどむかい》、埼玉県寄居町甘粕原《あまかすはら》などの例は、「当該地域（土地）に対して、人間が働きかけたもっとも早い段階で埋められた銭貨」で、開発に伴う呪術的行為の所産とみている。

⑤網野善彦氏によって指摘された香川県志度町長福寺境内の出土例では、「九貫文　花厳坊　賢秀御房文明十二年三月十九日　敬白」という木簡が銭壺中に納められており、石川県鶴来《つるぎ》町の鶴来別院境内の出土例では、「仏供箱　金剣宮行所方　天文二十四年十二月日」と記された木箱に銭が納められており、これらが仏に納められたことは明らかで、備蓄銭というものではない(8)。

⑥網野氏が最初に指摘したことであるが(9)、若狭国太良荘《たらのしょう》において建武二年（一三三五）と応永二十五年（一四一八）に住民の銭発掘が問題化して検断の対象になっており、このことから当時、銭は掘ってはいけないという観念が存在していたとして呪術的埋納銭の例証としている。

以上の①〜④においては、橋口・内山両氏が丹念に銭貨の出土地点を検証し分析を行っている点で貴重な成果であると思う。しかし、結論にいたる部分で意外と安易に人と土地との関係行為としてそこに介在する神仏すなわち呪術というコースに流し込んでいく。岡山県吉備町などの古代墓の買地券が墓域から出土する事例を援用して、土地神に対する墓の用益権確保の呪術に結びつけようとする。しかし、この事例は韓国の武寧王陵の場合のように、果たして銭貨が随伴し、また土地神からの買得を意味しているのか疑問とするところである。東塩小路遺跡の場合、南北朝内乱以降この地域の墓域化が進行していることを橋口氏は立証しているが、たとえ墓域だとしてもその場所への埋蔵がストレートに呪術だということにはなり得ないと思う。墓域内の堂宇の縁辺は、遺体の掘り返しに対するタブーを逆手に取った格好の銭貨埋蔵場所となり得ると考えられるからである。

橋口氏は、寺や墓域、城館や屋敷の内部から出土すると土地神からの土地の買得ないし地鎮の呪術、それらが集落または郡域の周辺部から出土すると境界の呪術、外界からの防御の呪術、遺跡や生活空間とは結びつかない場所から単独で出土すると何らかの土地用益・開発にともなう呪術と結論する。意地の悪い言い方をすれば、どこから出土しても呪術なのであって、そこではどこから出土したかは問題にならず、そもそも呪術である出土銭のいかなる呪術かを分類するための論証にすぎないともいえるのである。

内山氏の報告(10)による下妻市大木の、塚田登家出土の約四〇〇〇枚の埋蔵銭ついては、出土地の当時の状況を厳密に復元された点は教えられることが多かった。しかし、内山氏は出土地が屋敷の内側で道路に面した場所と推定されることから、「屋敷中で最も他人の目に付く危険性の高い箇所に、あえて『備蓄』『埋蔵』することは考えがたい」、「屋敷地内の出土状況は、本例のように敷地内の縁周辺であることが一般的であり、このような出土環境の場合は『備蓄銭』解釈は成り立たず、何らかの『境界』祭祀を類推させるのである」と述べて、「境界祭祀、とくに屋敷地を聖なるものに結界する境界祭祀と考えるのが自然ではないか」と結論する。しかし、内山氏の指摘のように現在の塚田家を当時の屋敷と仮定した場合、出土地点の塀の直下は道路拡張によって一・二五メートル内側に入るということであるから、埋蔵の当時は道路に面した堀または生垣に接した内側ということになる。建物下や営業活動の場となる建物南面の庭を避けるとしたら、埋蔵の適地は塀または生垣の内側の植え込みに求められると思う。埋蔵銭は地上に露出しているわけでもなく、そこに標識を立てておくわけでもない。地表面下約一メートルに大量に埋蔵した銭貨はそう簡単に他者が掘り出せるというものではない。そこに地下の安全性がある。床下に埋蔵すれば備蓄で、屋敷内の縁辺だから境界呪術というのでは、あまりにも単純化しすぎていると思う。私としては、何故に呪術なのかを知りたいところであるが、納得できる説明が得られないのである。

⑤の埋蔵銭貨の銭壺中から出土した中世木簡と銭貨を入れた箱に記載された文言であるが、前者の場合は九貫文の銭貨を花厳坊賢秀《かげんぼうけんしゅう》という僧に対して当該年月日に施主が寄進したことを記しているのであって、寄進を受けた側が寄進の趣旨を記録した木簡をそのまま銭壺中に入れて（所有権を明示するためか）埋蔵したと考えられ、埋蔵呪術とは直接関係ないと思われるのである。後者の場合は、寺の資財で仏に献上する浄財（浄物）を納める箱である「仏供箱」を銭の埋蔵容器に活用したということなのであって、そのこと自体を呪術と直接結びつけるのは困難であろう。

⑥については、土屋大輔氏が二つの史料全体を詳細に検討した論考を発表しているので詳しくは土屋氏に譲るが、私自身は先に簡略に述べたように、(11) この二資料から網野・橋口両氏が主張するような、

当時の社会に、呪術性を帯びる故に埋蔵銭を掘ってはいけないという観念・慣習があったと結論することはまずできないと思っている。ここでは銭貨発掘自体の善悪が問題視されているのではなく、発掘の届出の有無やその後の帰属をめぐって争われているのである。このことからも、銭貨発掘のタブーは感ぜられない。むしろ無主《むしゅ》の銭貨を拾得した場合と同様に、届出をした後に所定の手続きに従ってその帰属が決定される慣行となっていたと思われる。近世の貨幣の埋蔵物発見においては、奉行所などに届出をした後、一定期間に所有主が現れない場合は発見者に与えられる慣行となっていた(12)。

もとより私は、銭貨の呪術的使用を全く否定するものではない。六道銭・地鎮銭・胞衣銭などその他の証明を伴うものは認められる。たとえば福知山城の埋蔵銭は、丹波焼壺の内底面に和鏡を上に向けて置き、その周囲に二〇本の竹筆を直立させて囲み、さらに小刀一本を壺の内面に立てかけ、底面中心部に九三六枚の銭貨（開元通宝から朝鮮通宝）を納めて壺を埋蔵している(13)。これは明らかに胞衣銭と考えられる呪術的埋納銭である。あえて予見すれば呪術的埋納銭の場合は、一貫文未満の少量なのではないかと思っている。どこの場所から出土したから呪術的埋納銭であるという位置決定論には、それだけでは賛同を留保したいと思う。

3　銭貨埋蔵主体とその地域的背景

中世の貨幣埋蔵の主体は、以下で述べる埋蔵目的とからんで多様であると思われる。すなわち、数貫文、数十貫文に及ぶ貨幣を所有・管轄し埋蔵することの可能な主体には、次のようなものが想定される。

①幕府や諸国の国衙などの諸役所
②京都・奈良・鎌倉などの荘園領主とこれに直属する各地の荘園・公領の政所
③在地領主（武士）・地頭・代官
④信者から寄進された祠堂銭《しどうせん》を蓄積・運用する各地の寺社や堂（僧侶・神官）
⑤銭貨の流通や高利貸し機能にたずさわる土倉・酒屋・問丸
⑥都市や町・市の商工業者
⑦村落内の土豪（有力農民）
⑧馬借《ばしゃく》・車借《しゃしゃく》などの輸送従事者
⑨戦乱の際の町場や村落からの避難民
⑩戦乱時の略奪者（武士・雑兵《ぞうひょう》）や平時の盗賊

⑤⑥⑦は、当時の言葉で富裕な人という意味で「有徳人《うとくにん》」と呼ばれていた。そして③〜⑦は、兼帯する場合もあり得た。⑧は、不慮の事態や荷物配送の都合上から一時的に交通路脇の発見されにくい場所に銭貨を埋蔵する必要が生ずる場合もあったろう。⑨は、侵攻する軍隊や突然の自然災害から逃れた避難民が運び出した銭貨を山野・河原などの避難場所に埋蔵する場合が想定される。⑩は、奪ったり盗んだりした銭貨を人目につかない隠れ屋や山野に一時的に埋蔵することがあったと考えられる。たとえ周辺遺跡との関係がない単独遺跡としても、交通路や戦乱時の「村の城」[14]などの避難所の可能性などについて検討する必要があろう。多摩ニュータウン484遺跡についていえば、現在の東京都立大学敷地の南西端にあり、その東南麓の大沢（南大沢）集落と八幡神社の裏山に当たり、その尾根状の空間は避難所としては格好の場所であると思う[15]。またこのような丘陵部において、土地の神仏に多量の銭貨を奉納し開発する目的は何であったかは理解に苦しむところでもある。

このような埋蔵主体の多様性が、全国各地のさまざまな場所からの大量埋蔵銭発見の原因となっており、問題の解明を困難にしている要因とも考える。すなわち、全国の出土例は、寺院・城館・集落跡の内部とその縁辺ばかりでなく、遺跡と無関係の山野などから単独で出土する場合もあり、一筋縄ではいかないのである。具体的な出土状況と銭貨組成の考察による時期判定[16]、それに当該地域の当時の社会的・政治的状況を多面的に関連させて考察し、問題の解明に迫らなければならない。

次に大量出土銭の埋蔵理由について若干の私見を示しておきたいと思う。人類は、その長い歴史のなかで常に土中に物を保管・隠匿してきたように思う。土中は、食料とくに芋などの根菜類の格好の保管場所であったし、資財や財産、とりわけ比較的湿気に強い金属や焼物などには好都合であった。土中はときには人間の隠れ家となり、墓として遺体の安住の場所ともなった。人間は穴を掘り続けて物や身を隠し、そして掘り返しては（地上に出ては）生活を維持してきた。掘り返してはならないのは、遺体のみであった。今日でも、発掘調査の現場に立つと、多数の穴を見ることができ、そのなかには井戸跡・柱穴・墓坑など説明のつくものもあるが、多くは用途不明の土坑として処理されている。このような穴に埋めた物の一部に貴重な財産である銭貨があると考えるのは当然ではないかと思う。土坑の一部は銭坑であった。中世では銭を所有する人々は、銭坑を掘って銭を保管・隠匿し、再び掘り返してはその銭貨を使用していた。そういう点で、土中は銀行のない時代の「天与の金庫」であったのである。(17)

以上のように、中世においても土中が最も安全な保管・隠匿《いんとく》の場所であるという平凡な事実から出発すべきだと思う。火災・放火、戦乱の際の略奪、領主の検断、強盗・窃盗、風水害などのさまざまな災厄に対処する危機管理のために、貴重な財産の一つである銭貨を一時あるいは長期に地中に埋蔵することが慣行化していたと考える。何時襲うかわからない不時の災厄に備え、あるいは軍隊の侵攻、落城時の敵の乱入・略奪、土一揆の襲撃などの危機に備えるため、恒常的、ないしは突発的に銭貨の埋蔵が行われたと考える。その場合、どこに埋蔵するかは銭貨の所有主体の安全の判断によって一様

でないと思われる。大量出土銭は、中世における「隠物」であり、これに着目した藤木久志氏の業績が参考になる。(18)

藤木氏は、銭貨に限定されないが重要資材を地下に埋蔵した次の事例を挙げている。

①天正十八年（一五九〇）三月十三日、伊豆湯ヶ島妙本寺貫首日惺《かんしゆにつせい》は、豊臣秀吉軍の侵攻をまえにして小田原に籠城することになったとき、弟子の日苞《につぽう》に書状を送り後事を託している。このなかで、「法衣等、殊禄内并当用の聖教、依レ難ニ土中一、竹若土蔵へ相移候」と記し（伊豆湯ヶ島の雲金妙本寺文書）、法衣・「禄内」（日蓮遺文）・聖教など土中に埋めることのできないものは特定の土倉に移したと述べている。このことから埋蔵可能な資材は埋蔵処理をしたというのである。銭貨も当然このなかに含まれていると考える。

②ルイス・フロイス『日本史』によると、天正十四年（一五八六）に、豊後臼杵《うすき》城の周辺の村々において、貧しい村人たちは、米・衣類・台所用品などを地中に埋めて城に避難した。

③十七世紀後半成立の『雑兵物語《ぞうひようものがたり》』には、隠物の埋蔵方法とその摘発方法が次のように記されている。(19)

家内には米や着類を埋るもんだ。そとに埋る時は、鍋や釜におっこんで、上に土をかけべいぞ。その土の上に霜の降た朝みれば、物を埋た所は必霜が消るものだ。それも日数がたてば見へないもんだと云。能々心を付て掘出せ。

ここには、家屋内外の埋蔵法が示されていて、最近に物を埋蔵した場所には土が新しく霜が立ちにくいということを摘発法にしている点など興味深く[20]、雑兵たちの乱入の場合には、埋蔵物の探索が日常化していたことを示していると思う。

人々がさまざまな危機を予想し、あるいは現実に危機に直面したとき、持てる財産（貨幣を含む）を最も安全な地中に埋蔵することが多く行われたと考えてよい。このような地中への隠物は時代をこえて行われたものと考える。私の体験では、米軍B29の空襲に備えるため、銭貨など大切な物を地中に埋めたこと、終戦直後の米軍による刀剣類の提出命令に対して、近隣の多くの家で油紙に包んだ刀剣を地中に埋めたことなどを記憶している。またごく最近のオウム真理教事件において、教団側が犯罪の事実を隠蔽するために多くの物を地中に隠匿したことは記憶に生々しい。

以上の点で、中世の大量出土銭の多くは、平常時に常に危機を予想したり、現実に危機に直面した場合の財産保持の地中への隠物と考えられる。当然掘り返し使用されるべきものであり、現実に多くの銭貨は掘り返されたと考えられる。その一部が、火災・戦乱などにおける埋蔵主体の不慮の事故（死亡・流亡）等によって、また事柄の性格上埋蔵場所は少数者の秘匿事項とされていたが故に、長期にわたり残置されたままになってしまったものと考えられる。

鈴木公雄氏の「全国出土備蓄銭一覧[21]」によると、一〇〇〇枚（一貫文）以上の埋蔵銭発見一九七例の時期区分別の数は次のようになる。

1期　十三世紀の第4四半期を中心に　一四（この数字、鈴木新表による）
2期　十四世紀の第2四半期を中心に　二三
3期　十四世紀の第4四半期を中心に　八
4期　十五世紀の第2四半期を中心に　一五
5期　十五世紀の第3四半期を中心に　七
6期　十五世紀の第4四半期を中心に　三五
7期　十六世紀の第2四半期を中心に　一一
8期　十六世紀の第3四半期を中心に　六

2期の南北朝内乱期と6期の戦国時代の開幕の時期にピークがあり、戦乱と大量出土銭とのある程度の相関関係は認められるかのようである。しかし、8期十六世紀の本格的戦国期における減少をどう考えるか問題となる。おそらく戦国争乱や中国からの銭貨流入の減少などによって全国的に貨幣流通量が不足する状態となったことと関連があると思われる。

以上のように考えた場合、大量出土銭は、備蓄銭というよりも埋蔵銭という呼称が適当と思う。しかし、先入観にとらわれず銭貨の出土状態やそれを取り巻く地域的・時代的背景の綿密な考察によるしか、この問題の解明はないと思う。

4　埋蔵銭研究の二、三の視点

最後に、埋蔵銭研究において気のついたいくつかの点について述べて締めくくりたいと思う。まず、橋口氏がかなりスペースを割《さ》いて論じた函館市の志海苔《しのり》埋蔵銭についてである。(22) 長禄元年（一四五七）のコシャマインの乱の舞台となったことで知られる国指定史跡志海苔館跡の内郭土塁西南端から西南方向に約一〇〇メートルの麓、海岸砂丘上に一線に五メートル間隔で埋められた三個の甕から計三七万枚以上の埋蔵銭が出土した。この一定の間隔を置いて整然とした状態で出土したという事実に橋口氏は着目し、ここが境界領域であるとの推定とともに呪術的埋納銭の根拠にしている。確かに、複数出土する場合、間隔を置いて埋蔵し、一ヵ所に甕や箱を接して埋蔵する場合は少ないと思う。この点について私は、他者に発見される危険を抑止する配慮と考えている。この志海苔埋蔵銭の出土地点は館の西南麓で、西に流れる志海苔川の河口東岸に位置している。経済活動に基づく埋蔵銭とした場合、ここは河口の湊に接した交易場として絶好の位置といえる。埋蔵主体は、館主の武田氏かあるいは館主と関係の深い本土渡来（津軽十三湊あたりか）の商人か不明だが、道南海産物との交易の資金として一時埋蔵されていたものが、不時の事情（例えばコシャマインの乱）によって遺棄されたものであろうか。橋口氏は、出土地付近の旧地名が「銭亀沢村」であることに注目し、銭甕を埋納した記憶が地名に残ったとしているが、おそらくそうではなく、かつて銭甕が発見されたことに因んで地名がつけられた（鐘が発見されたので鐘ヶ渕）と考えるのが自然で、今後この付近からさらに発見される可能性もあると思う。なお、三個の銭甕のうち、東端の三号甕はひび割れた平織りの布を漆で接着した補修跡が確認される。

このような補修跡は出土の甕に多く認められるところであるが、最近発見された東京都府中市の府中並木西埋蔵銭の場合にも確認される。破損し液体の容器には使えない甕を修理して銭甕に利用したと考えられるのである。また、府中並木西の場合は、二個の常滑焼の大甕に合計重量推定一五万七〇〇〇枚の銭貨が出土したが、二個とも口縁部の一部が欠損しており、使用している緑泥片岩《りょくでいへんがん》（青石）の蓋石《ふたいし》も二号甕のほうは割れている(23)。破損ないし補修甕と併せて、神仏に捧げる神聖な埋納供物とすればいささか配慮に欠けたものと考えざるを得ない。

府中並木西の場合は、四メートル離れて埋蔵された二個の銭甕の他に、その北五〜六メートル地点に銭甕を掘り出したとみられる土坑《どこう》二つが調査されている。橋口氏は、長野県岩船《いわふね》西条境や神奈川県厚木市下荻野《しもおぎの》桝割《ますわり》遺跡の容器から銭貨を抜き取った事例に着目しているが(24)、府中市並木西の場合が銭甕ごと掘りあげたとすれば、注目に値する。すなわち埋蔵銭は埋めたり掘り返したりが繰り返されていることを証明することになるからである。報告書の早い刊行を期待する次第である。

埋蔵銭あるいは備蓄銭論に対して、貴重な財産を掘り忘れてしまうことなど考え難いとする一見もっともな批判がある。これに対して、埋めたり掘り返したりの繰り返しのなかで、所有主の事故（死亡・逃走など）や忘失などにより長期にわたり大量の埋蔵銭のごく一部が土中に残されたと私は説明しているが、これでも納得されない方のために格好のエピソードを紹介しておきたい。

江戸時代に佐渡の金銀山を管轄した佐渡奉行所跡の発掘調査において、御金蔵北の井戸と役宅跡の空地の一角から長さ六五センチメートル余、重さ約四一キログラムの扁平な鉛のインゴット（鋳塊）一七二枚が地表面から六七センチメートル下から出土した。これは金精錬の灰吹法のために不可欠な資財で他国の鉛山から輸入されていた。『佐渡風土記《さどふどき》』によれば、寛永十七年（一六四〇）に輸入された鉛は好景気のときに非常時に備えて「埋鉛」として土中に埋蔵された。七八年後の享保三年（一七一八）、不況が続き御金蔵下に埋蔵したとの伝承に基づき、また隠居した老役人の証言を頼りにようやく発掘に成功した。ところが、その途中の寛文年間に時の奉行が一部掘り出し、その同量が延宝三年（一六七五）に当時の奉行によって補塡埋蔵されたことが判明した。しかし寛永時に二ヵ所に分けて埋蔵した一八七六貫八二三匁の分についてはついに発見することができなかった。今回、三五〇年余経た二十世紀末に出土した鉛は、この未発見のものと同量なので、同一のものと推定されるとのことである。(25)

佐渡奉行所という公的機関の役所敷地内で、このように大量の埋蔵物が懸命に探しても発見できなかったということを役人の怠慢にしてしまうのも一案だが、土木機械類のない前近代にあっては、土中埋蔵物の発掘は意外と困難であることを物語っていると思う。その理由は容易に掘り出せない深さや土固めなどの工夫が施されていたからであろう。埋蔵の伝言がなされていても発掘が不可能であった事例をこの事実は示している。まして銭貨埋蔵を知る者は危険防止のため少数に限定され、その埋蔵主らが不慮の事故や災難に遭遇した場合を考えれば、埋蔵されたものの一部がそのまま土中に遺されるケースは当然想定されなければならないところである。

埋蔵銭伝承については、東京都昭島市拝島の大日堂伝説が注目される。[26]『新編《しんぺん》武蔵国《むさしのくに》風土記稿《ふどきこう》』の拝島村の項に次のようにある。

拝峰山大日堂は、開基北条氏直の臣石川土佐守なり、この人の娘七歳の時、目病を患ひて医療すれども効なし、因て比村なる辻堂の大日に祈誓して、扁眼をぞ助かりけるより、信心いよいよ厚く今の堂を創建せりと云、此石川は拝島・羽村・久保・雨間・高月五村を領せしよし、一門には三田弾正・羽村兵衛太夫・三沢兵庫介・乙畑孫三郎・有山内記などいへる者を始とし、大檀那十六人にて後世修保のために本尊の下に地を穿つこと一丈二尺、永楽銭千貫を収置と棟札に載せてありと、されど棟札は屋棟に収め置よしなればみる事あたはず、かの石川建立せし堂は、今の堂地より一階卑き所にて東南の方に在しを、別当の僧栄梅が時に今の所に引移して修理を加ふと云、按ずるに其年代は詳ならねども、願ふに享保の比なるべし、

同様な記録が「拝島村大日堂縁起」（乙幡泉家文書）にもある。これも眼病で失明寸前になった娘の

ために、石川土佐守が「はち方の者供」（鉢形衆）一六人の協力を得て大日堂を建立し、後日の修復のための永楽銭一〇〇〇貫を本尊の地下に埋めたとある。大日の功徳で失明を免れた娘は羽村左源太に嫁ぎその一門は松山城・小田原城、あるいは北条氏直とともに赴いた高野山で没して子孫断絶したので、「大日への御奉公として」言い伝えを記録したとある。この大日堂は享保頃に少し高い所に移建したというから、この埋蔵銭はその時の再建のために費やされたのであろうか。この埋蔵銭の記録は棟札に記載されてあると伝えているが、この棟札は確認されておらず伝承の当否は判明しない。しかし、仏堂建立時に、再建のための備蓄銭を埋蔵したという伝承は興味深いし、備蓄のための埋蔵が戦国〜江戸初期にあり得ることとして観念されていたことを最低限示していると思われる。

5　出土銭の調査・研究の必要性

約一〇〇〇枚（一貫文）以上に及ぶような大量の埋蔵銭は、一部には存在することを必ずしも否定するものではないが、その多くのものは網野・橋口・内山氏の主張するような呪術的埋納銭とは考えられないということを述べてきた。呪術的埋納銭論は決定的な証拠が欠如しており、不安定な学説のそしりを免れ得ない。今後先入観を排して出土銭の調査研究が必要であろうという思いからこの論考を作成した。呪術的埋納銭論批判の性急さのあまり、尊敬する網野・橋口・内山氏らに対し非礼の段はお許しを乞いたい。要は、論争点を明確にすることによって研究に一層の進展をはかりたいと念ずる以外に他意はない。ただ、呪術に流し込んで納得してしまうような研究風潮に疑問を感じていることは偽らざるところではある。

注

(1) 能ヶ谷出土銭調査会・町田市教育委員会『能ヶ谷出土銭調査報告書』(一九九六年)。
(2) 鈴木公雄「出土備蓄銭と中世後期の銭貨流通」(『史学』六一巻三・四号、一九九二年)、同「出土銭貨からみた中世後期の銭貨流通」(帝京大学山梨文化財研究所シンポジウム報告集『「中世」から「近世」へ』名著出版、一九九六年)、以上は『出土銭貨の研究』(東京大学出版会、一九九九年)に収録。ただし鈴木氏は、備蓄銭のネイミングは従来の研究史の延長上に使用しているにすぎないと述べている。
(3) 網野善彦『日本の歴史を読みなおす』(筑摩書房、一九九一年)、橋口定志「『埋納銭』の呪力」(峰岸純夫・池上裕子編『新視点・日本の歴史』四巻中世、新人物往来社、一九九三年)、同「銭を埋めること――埋納銭をめぐる諸問題――」(『歴史学研究』七一一号、一九九八年)。内山俊身「下妻市大木出土の中世一括埋納銭――『一遍聖絵』銭出土シーンとの関連から――」(『博物館研究紀要』一号、下妻市ふるさと博物館、一九九八年)。
(4) 峰岸純夫「『埋蔵銭』について」(『出土銭貨』五号、出土銭貨研究会、一九九六年)。
(5) 橋口氏前掲注(3)。
(6) 橋口氏前掲注(3)。
(7) 内山氏前掲注(3)。
(8) 網野氏前掲注(3)。木簡については、永井久美男編『中世の出土銭――出土銭の調査と分類――』(兵庫埋蔵銭調査会、一九九四年)、図版11。鶴来町の出土銭と銭箱については、芝田悟『加州鶴来金剱宮仏供箱と出土銭貨――天文二四年銘文資料から――』（石川県鶴来町教育委員会、一九九六年）。なお、芝田氏は天文二十三年（一五五四）の白山大噴火鎮火呪術としての埋納を想定しているが、災害の危機管理のための埋蔵の可能性も大きいと思う。

（9）網野善彦「境界領域と国家」（『日本の社会史』二巻、岩波書店、一九八七年）。

（10）内山氏前掲注（3）。なお、館跡縁辺からの出土例としては、埼玉県本庄市大久保山遺跡がある（『大久保山VI』早稲田大学本庄校地文化財調査報告六、一九九八年）。この遺跡のIII A地区において中世後期の方形館の西北角に接する外側の地点から十五世紀後半以降と推定される八九四九枚の銭貨が容器なしで土坑から出土している。この報告書については、合田芳正氏の御教示を得た。

（11）土屋大輔「太良荘の出土銭」（『出土銭貨』一一号、一九九九年）、峰岸純夫「能ヶ谷出土の埋蔵銭について」前掲注（1）所収。

（12）「埋蔵物」（『古事類苑』法律部二巻、吉川弘文館、一九六九年）。

（13）永井氏前掲注（8）。

（14）藤木久志「戦場の村――村の城」『雑兵たちの戦場』（朝日新聞社、一九九五年）。

（15）「No.484遺跡」（『多摩ニュータウン遺跡』昭和五八年度、東京都埋蔵文化財センター、一九八四年）。

（16）鈴木公雄「能ヶ谷出土備蓄銭とその歴史的背景」の一覧表参照、前掲注（1）所収。

（17）森本芳樹「ヨーロッパ中世貨幣史――古銭学から――」（『歴史学研究』七一一号、一九九八年）。

（18）藤木久志「村の隠物・預物」（網野善彦他編『ことばの文化史』中世1、平凡社、一九八八年）。

（19）藤木氏前掲注（14）。

（20）霜の立った冬の朝、わが家の庭で実験してみたところ同様の結果をみた。

（21）鈴木公雄「能ヶ谷出土備蓄銭とその歴史的背景」の一覧表参照、前掲注（1）所収。

(22)　橋口氏前掲注(3)『歴史学研究』論文、『函館志海苔古銭』(市立函館博物館、一九七三年)。森田知忠「志苔館の四〇万枚の古銭」(菊池徹夫・福田豊彦編『北の中世、津軽・北海道』(平凡社、一九八九年)。

(23)　府中市遺跡調査会『武蔵府中大量出土銭発掘の記録』(一九九八年)、『埋められた銭の謎を探る』(府中郷土の森博物館、ミニ展解説シート、一九九八年)。

(24)　橋口氏前掲注(3)『歴史学研究』論文。

(25)　佐藤俊策「佐渡奉行所跡における金銀山関連遺構」(『月刊文化財』四二一号、一九九八年)。なお、この文献については鈴木公雄氏のご教示を得た。

(26)　福生市郷土資料室『特別展示・福生市の大量埋蔵銭』(一九九六年)。

〔追記〕　二〇〇〇年十一月、葛飾区郷土と天文の博物館特別展『埋められた渡来銭―中世の出土銭を探る』と地域史フォーラム「中世の出土渡来銭を探る」(十一月二十六日)が開催された。この展示において、銭貨埋蔵に関する『太平記』巻九「主上・々皇御沈落事」の記事が紹介されている。すなわち六波羅陥落の際、幕府に擁立された光厳天皇、後伏見・花園両上皇が都落ちする際、退路を遮る野伏の棟梁に対し、随兵の備前国住人中吉弥八が、「六波羅殿ノ銭ヲ隠シテ、六千貫被レ埋タル所知テ候ヘバ、手引申テ御返ニ所得セサセ奉ラン」と言って通路を開かせた。その後、埋蔵銭を手渡すために六波羅の焼跡へ赴いたところ、「正シク此ニ被レ埋タリシ物モ、早人ガ掘テ取タリケルゾヤ」ということで、掘り去られた後であったという。このような類話は、『源平盛衰記』巻十八「文覚清水の状天神金の事」に文覚の話として見え、緊急の際に銭貨の埋蔵が行われていたことが一般化していたことを推定させる物語である。前期フォーラムに、「中世東国の貨幣流通」という報告を行った筆者は、永仁三年(一二九五)の播磨国大部荘の悪党が、荘内に乱入して牛馬・資材・穀物・銭貨などを略奪した際、「破レ墻求二米穀之類一、鑿レ土捜二財宝之属一」と記され、墻(土蔵の壁)を破っての穀物の略奪と対比して、埋蔵した財宝の略奪の事例を紹介した(『東大寺文書』四―一―四)。(展示図録およびフォーラム冊子参照)。

あとがき

本書は、一九七七年から一九九九年にいたる約二〇年間に発表した論考を、自然災害と戦乱のテーマに沿って二部一一章にまとめたものである。つぎに、各章のテーマに原題・発表年などを対比して（　）内に記し、若干のコメントを加えておく。

Ⅰ　自然災害と中世の人びと

一、自然災害と歴史（「自然災害は人びとにどのような影響を与えたか」峰岸純夫編『新視点・日本の歴史』中世編、新人物往来社、一九九三年、ただし4は「中世東国水運史研究の現状と問題点」峰岸純夫・村井章介編『中世東国の物流と都市』山川出版社、一九九五年の一部を挿入）

二、自然環境と生産力からみた中世史の時期区分（原題は同じ、『日本史研究』四〇〇号　特集「時代区分・時期区分論」、一九九五年）

三、浅間山の爆発と荘園の形成（「東国古代を変えた浅間天仁の爆発」新井房夫編『火山灰考古学』古今書院、

一九九三年）

四、中世後期の二つの歴史像―飢饉と農業の発展―（「中世とはどういう時代か」（戸田芳実氏と共同執筆、中世後期を分担、楢崎彰一編『世界陶磁全集』三巻　日本中世、小学館、一九七七年）

五、災異と元号と天皇（「封建時代の年号と天皇」東京歴史科学研究会編『転換期の歴史学』合同出版、一九七九年）

II　災害・戦乱と危機管理

一、網野善彦氏『無縁・公界・楽』を読む（「網野善彦『無縁・公界・楽』によせて」（一）『人民の歴史学』六〇号、一九七九年）

二、戦国時代の制札とその機能（「戦国時代の制札」駒澤大学『史学論集』二三号、一九九三年）

三、制札と東国戦国社会（「戦国時代の制札」峰岸純夫編『古文書学の語る日本史』五巻戦国・織豊、筑摩書房、一九八九年）

四、軍事的境界領域の村―「半手」を中心に―（「東国戦国期の軍事的境界領域における『半手』について」『中央史学』一八号、一九九五年）

五、秀吉軍関東襲来時の戦場のなかの文書（横浜市歴史博物館開館五周年特別展『秀吉襲来―近世関東の開幕―』一九九九年一〇月三一日講演「関東戦国の終焉」録音・レジュメによる原稿作成）

六、戦乱の中の財産管理―中世の「埋蔵銭」について―（「中世の『埋蔵銭』についての覚書」歴史学研

究会編『越境する貨幣』青木書店、一九九九年）

Ⅰの一章は、歴史研究の中における自然災害史の視点と研究史を包括的に提示したものである。

二章は、『日本史研究』特集号の求めに応じて、中世史の時期区分を自然環境の変化とからめて、試論的におおまかのスケッチを示したものである。

三章は、旧著『中世の東国─地域と権力─』（東京大学出版会、一九七九年）で論じた十二世紀初頭の浅間山火山災害についての研究を、一般向けの叙述に再構成し、浅間火山灰研究の創始者である新井房夫氏の群馬大学退官を記念する意図で編纂された同氏の編著のなかに収載させていただいたものである。私の研究は、新井氏から多くの学恩を得て成されている。

四章は、『陶磁全集』の中世の時代解説で、故戸田芳実氏の要請で分担執筆した。戸田氏の京都の旧宅で、内容を相談した思い出がある。小編で不十分なものであるが、災害史研究に興味を抱いた発端でもあるので敢えて収載した。

五章は、一九七〇年代後半に歴史学会で盛り上がった元号法制化の反対運動の中で、成稿したものである。災異改元を中心に前近代元号の呪術性を強調した。

Ⅱの一章は、東京歴史科学研究会の例会で、深谷克己氏とともに網野氏の話題の著書評を行い、その前半部を原稿化したものである。（二）は後日に廻したが、いまだに成稿にいたらず、今となってはその後の網野氏の業績を含めて批判の機会を得たいと思う。一九六〇年代に歴史学研究会中世史部会やその他の私的な研究会において、網野氏から多くのご指導を得てきており、その後ほとんどの御著書を頂き学ばせていただいているので、これによって氏からこうむった学恩に報いたいと思っている。なお、この一章の書評は以下の二、三章の私の制札研究の出発点となっている。

二、三章は、制札論の展開である。そのなかで重要史料と位置づける長年寺受連覚書は一〜三章のそれぞれに重複して出てくるが、一章では返点を付し、二章では原文のままのスタイルに復元し（写真掲載）、三章では読み下し文にしてそれぞれ変化を付けている。この文書は、現在所在不明となっているので、ことにその配慮を加えた。

四章は、半手論で発表当時のものにその後に紹介された半手史料を原稿に追加して手を加えている。

五章は、一点の前田利家書状を中心にして、秀吉軍侵攻時の軍事・政治状況を論じようとしたもので、講演の機会を与えて下さった横浜市歴史博物館の曽根勇二氏等に感謝する。

六章は、埋蔵銭をめぐる論争の中で、呪術的埋納銭説をとる橋口定志・網野善彦両氏などの説に対し、財産の危機管理と把握する立場から批判している。この問題については、文献研究や考古・民俗研究などの分野からの検討が必要であり、そのためにも活発な論争の展開を期待して敢えて執筆したものである。

全体として、貧しい内容の諸論考であるが、多くの方の率直なご批判を得たいと思っている。まとめるに当たって、文章表現の統一や叙述の平易化を図っている。また、時々「校正労働大臣」を無給でお願いしている妻立枝に感謝を捧げたい。この度もゲラを見ていただいた。

二〇〇一年三月三日　鶲《ひたき》観る　家族となりし　ひなまつり

峰岸純夫

『中世 災害・戦乱の社会史』を語る

峰岸純夫

二〇一一年三月十一日午後二時四十六分、妻と近所の友人の家を訪れていた私は突然に東北・関東大地震（東北地方太平洋沖地震）の大揺れに襲われた。立っていられないほどの振動、これは私の七八年の生涯中で体験した最も激しい地震の揺れであった。急いで帰ってみると幸いにわが家は棚の本が多く落ちて散乱した程度の被害であった。その後の報道によれば、気象台開設の明治以来最激甚のマグニチュード九の地震であるという。次々にテレビに紹介される東北地方（青森・岩手・宮城・福島）から関東地方（茨城・千葉）の太平洋岸諸都市の地震津波被害状況は目を覆うばかりであった。

地震で破壊された都市に対して防潮堤を越えて大津波が浸入し、船舶・船・家屋ともに押し流し、流失した燃料が火災を起こし、石油コンビナートは爆発炎上し、現地は空前の惨状となった。ある程度の津波を予想して造られた防潮堤があっても、堤もその内側も地震によって地盤沈下を起こしており、大津波は容易にそれを越えて浸入してしまった。倒れた家の下敷きになりその上に津波に襲われて、人的被害（死亡者）は膨大で一万人をはるか超えると予想されるに至った。加えて福島原発の事故も重なって危険な状態になっている。東北地域の友人たちに電話・ケイタイはつながらず、間もなく家族で日本に来るといっていたスイスの友人からは心配の電話が入った。私は、災害報道のテレビを見つめながら、何度となくぐらぐら来る余震に脅えつつこの原稿を書いている。

本書の初版を出版した一〇年前には、阪神淡路大震災と三宅島雄山《おやま》火山の爆発後であった。初版のまえがきに、火山爆発・地震・気象災害などの自然災害、そして人間が引き起こす戦争などのなかで、人間がどのように生命・財産の維持のための努力を果たしたか、その歴史に学び、やがて襲い来る災害などにいかに対応すべきか、ということを書いた。いま、テレビの現地解説者は、財産はともかく生命維持を最優先にと叫んでいる。

一〇年を経て今回は、鹿児島・宮崎県堺の新燃岳の爆発、ニュージーランドの地震災害での多数の日本人留学生などの罹災、これに続く今回の大地震津波がおこり、その罹災者の救済、復興への努力とともに、今後予想される東海・関東大地震にどう備えるかという課題を頭に浮かべつつこの文章を綴っている。

関東・東海を襲った巨大歴史大地震・津波は、①永仁元年（一二九三）・②明応七年（一四九八）・③宝永四年（一七〇七）・④安政元年（一八五四）・⑤大正十二年（一九二三）と続く。その間隔は、①―②は二〇五年、②―③は二〇九年、③―④は一四七年、④―⑤は六九年とその間隔にはバラつきがあり、平均すると一七八年である。東北地域太平洋岸の大地震津波の前回は昭和八年（一九三三）で、今年と七八年の間隔がある。⑤関東大震災から今日までは八八年であり、④—⑤の間隔を越えており、今世紀以内の近い時期に起こることは必定で、また今後何時起こっても不思議はないということである。

テレビ報道の惨状を見るにつけ、これが首都圏を襲ったらどうなるか、近代以来の都市の時代は終止符を打たれるのではないかと思わざるを得ない。限りなく埋立てなどをしながら都市を海に張り出していき、低地帯に空港などの諸施設を構築し、かなりな人口を移動させている。これらを根本的に考え直し、巨大都市を縮小し移転させて国土人口分布をもっと平均化する努力をすべき時代に到達していると思う。

戦争の問題では、日本は幕府という形をとって軍事政権の時代が続き、政権交代が戦争の帰趨《きすう》によって実現するという習慣が一〇〇〇年近く続いた。今日では国民の一票投票によって決定されるようになった。しかし、世界的規模で見るならば、アフリカ諸国、とりわけリビアのカダフィ政権に見られるように、内戦によって決着がつけられる様相となっており、さながら日本の戦国時代を思わせる。今日的問題として戦乱の中で苦闘する民衆の姿に焦点を当てて考えたいと思う。

再刊に当たって、一編の論稿「歴史における自然災害——建武二年八月、関東南部を直撃した台風——」（『日本史研究』五三四号、二〇〇七年）を追加した。

〈二〇一一年三月十三日〉

付　歴史における自然災害
――建武二年八月、関東南部を直撃した台風――

近年の中世史研究において、自然環境ないし自然環境の激変に伴う災害が歴史の展開に及ぼす影響を重視する傾向が強くなっている。歴史の諸事象を検討する場合、藤木久志『日本中世気象災害史年表稿』（高志書院、二〇〇七年）と水越允治『16世紀の天候記録』『15世紀の天候記録』（二つとも東京堂、二〇〇四年・二〇〇六年、その後、14・13・12世紀も続刊）の示すデータを無視することはできないと思う。前者は年代記・記録・古文書等による、後者は日記の天候記録による膨大な集成である。

表題の建武二年（一三三五）八月の関東地方を襲った台風については、藤木データは、『太平記』と『続史愚抄』（十八世紀末成立）の記事を抄録している。後者は前者によるものであるので、前者を次に示す。

わが身（北条時行）は鎌倉に在りながら、名越式部大輔を大将にして、東海・東山両道を押して攻め上る。その勢三万余騎、八月三日鎌倉を立たんとしける夜、にはかに大風吹いて、家々を吹き破りけるあひだ、天災を遁れんとて、大仏殿の中に逃げ入り、各身を縮めて居たりけるに、大仏殿の棟梁、微塵に折れて倒れけるあひだ、その内に集まり居たる軍兵ども五百余人、一人も残らず圧にうてて死ににけり。

（山下宏明校注『太平記』二巻、「足利殿東国下向の事、付けたり、時行滅亡の事」『新潮日本古典集成』）

建武二年の中先代（北条時行）の乱において、その鎮圧に下向する足利尊氏軍を向かい討つため、鎌倉を占拠していた北条軍が結集していたところ、台風に見舞われ破壊された宿泊の家々を避難して大仏殿（長谷の高徳院清浄泉寺）に遁れた。その時に大仏殿の棟・梁が風のために折れて建物が倒壊して軍兵五百人余が圧死したという。北条軍はこの出陣の際の不測の事態から態勢を立て直し再び出陣したが、遠江の合戦で敗れたというくだりである。

この建武二年八月三日は、太陽暦（グレゴリオ暦）で八月二十九日にあたり、日本列島は台風シーズン真っ只中に当たる。しかし、鎌倉においては、幕府崩壊、建武政権の成立にともなう鎌倉将軍府の成立と中先代の乱によるその崩壊という動乱の中という事情によるのか、この台風災害を裏付ける他の史料を見出すことはできない。

しかし、武蔵国多摩川流域に好個の関連史料が存在する。

武州多西郡徳常郷内十院不動堂修復事、右此堂者、建立不知何代、檀那又不知云何人、只星霜相継、貴賎崇敬也、然建武二年乙亥八月四日夜、大風俄起、大木抜根柢、仍当寺忽顛倒、本尊諸尊皆以令破損、然間暦応二年己卯檀那平助綱地頭幷大中臣氏女、各専合力励大功、仍重奉修造本堂

一宇幷二童子尊躰、是只非興隆仏法供願、為檀那安穏・四海泰平・六趣衆生平等利済也、仍所演趣旨如件、

康永元年壬午六月廿八日修復畢

大檀那平助綱　　大工橘広忠
大中臣氏女　　　鍛冶橘行近

別当権少僧都儀海
本尊修復小比丘朗意

（高幡不動金剛寺蔵不動明王火焔背銘、不動明王像内納入墨書名札にもほぼ同様の銘文）

武蔵府中の西に位置する船木田荘木切沢村には、十院不動堂といわれる古刹があった。鎌倉中末期以来、この木切沢村と隣接する徳常郷（得恒郷とも記される）の地頭として武蔵高麗《こま》郡の高麗氏の一族が支配していた（正和元年八月十八日高麗忠綱譲状　高幡高麗文書）。平安末期以来これらの地は、武蔵七党の一つの西党日奉《ひまつり》氏に属する高幡氏の所領であったが、高幡氏はおそらく和田氏の乱などの争乱の中で滅亡し、代わって高幡高麗氏の支配するところとなっていたのであろう。この日奉氏によって平安末期に十院不動堂は創建されたと考えられるが、建武二年の段階では、その創建年次も創建者の名も忘れられていたようだが諸人の崇敬を集めた寺院であったという。寺院の所在地は、木切沢村の北部、現在の日野市南平地区の山中（谷間）に不動堂を中心に一〇の堂宇が散在する霊場として存在してい

た。その一つの管理的役割を果たすと考えられる虚空蔵院の別当儀海が後の再建の主導者になる。

建武二年八月四日の夜、この地を大風（台風）が襲う。大木を根こそぎ抜くような激しいもので、寺（堂）は倒壊し本尊諸尊（不動三尊）以下が破損したという。その再建のために十院不動堂（虚空蔵院）別当の儀海が徳常郷地頭高麗助綱夫妻の助成を受けて暦応二年（一三三九）に再建に着手して三年の歳月を経て康永元年（一三四二）六月に完成したというのである。この場合、船木田荘木切沢村の丘陵地から山一つ隔てた近接の徳常郷高幡の平場の地に移建したのである。

不動三尊像は、京都国立博物館内の美術院国宝修理所で一九九一年から約三年半の歳月をかけて徹底的に調査・解体修理されて高幡に戻ってきた。その記録『高幡山金剛寺重要文化財木造不動明王及二童子像保存修理報告書』（高幡山金剛寺、二〇〇二年）によると、矜羯羅《こんがら》・制咜迦《せいたか》二童子については、若干の損傷もあるが平安末期の造像時の体裁を保っていた。しかし、不動明王は破損が激しく、頭部は胸部内に陥没してもある程度原形を保ったが、上半身の破壊が著しかった。それらが南北朝期に修理されたものと推定している。台風によって本堂の梁・棟などが落下して仏像を直撃して、このような破壊が生じたものとされる。この三尊像は、建武二年台風の生き証人なのである。また、この記録によって『太平記』の前述の記事もその信憑性が裏付けられ、八月三日夜に鎌倉を襲った台風はその翌日夜に武蔵南部に襲来した、あるいは三日からその翌日にかけて関東を襲ったことになるのである。しかし、この台風が豪雨を伴っていたか否かは現在のところ明らかにできないのである。

十院不動堂と同時平行して存在した多摩丘陵の霊場に吉富郷真慈悲寺がある。この寺院は十二世紀に天台系の霊場として百草《もぐさ》山（日野市百草の京王百草園と東電学園を含む丘陵一帯）に立地し、治承・寿永内乱期に衰微し鎌倉幕府成立とともに幕府の助成を得て復興され幕府の御願寺として位置づけられた（『吾妻鏡』）。現在は百草八幡宮の境内に真慈悲寺の本尊仏と推定される建長二年造立の金銅製阿弥陀如来坐像（国重要文化財）が残され、京王百草園の一角からは鎌倉期の大量の瓦が出土している。また東電学園敷地からは平安末期の経筒などが出土している（峰岸純夫「武蔵国吉富郷真慈悲寺」『中世東国の荘園公領と宗教』吉川弘文館、二〇〇六年）。京王百草園の調査を実施した日野市教育委員会の清野利明氏によると、この瓦は建武二年の台風被害を受けて総瓦葺の寺の堂宇が一時に倒壊して、その下の低地にいっせいに廃棄されたものではないかと推定している。前述の十院不動堂と近接し、同様な条件の下にあって、同じ台風の被害にあったことは想像に難くない。今後は瓦の破損状況を精査することによって何らかの証拠が見出されることが期待される。

＊本書は、二〇〇一年（平成十三年）に吉川弘文館より初版第一刷を刊行したものの復刊である。

著者略歴
一九三二年　群馬県に生まれる
一九六一年　慶応義塾大学大学院修士課程修了
宇都宮大学助教授、東京都立大学教授、中央大学教授などを歴任
現在　東京都立大学名誉教授、文学博士

〔主要著書〕
中世の東国―地域と権力―　新田義貞　中世東国の荘園公領と宗教　中世社会の一揆と宗教　足利尊氏と直義　中世荘園・公領制と流通　日本中世の社会構成―階級と身分―　太平記の里新田・足利を歩く

歴史文化セレクション

中世　災害・戦乱の社会史

二〇一一年(平成二十三)六月二十日　第一刷発行
二〇一六年(平成二十八)四月　一日　第二刷発行

著　者　峰《みね》岸《ぎし》純《すみ》夫《お》
発行者　吉川道郎
発行所　株式会社　吉川弘文館
郵便番号一一三―〇〇三三
東京都文京区本郷七丁目二番八号
電話〇三―三八一三―九一五一〈代表〉
振替口座〇〇一〇〇―五―二四四番
http://www.yoshikawa-k.co.jp/
印刷＝藤原印刷株式会社
製本＝誠製本株式会社
装幀＝清水良洋・渡邊雄哉

ISBN978-4-642-06372-2

発刊にあたって

悠久《ゆうきゆう》に流れる人類の歴史。その数ある文化遺産のなかで、書物はいつの世においても人びとの生活に潤《うるお》いと希望、そして知と勇気をあたえてきました。この輝かしい文化としての書物は、いろいろな情報手段が混在する現代社会はもとより、さらなる未来の世界においても、特にわれわれが守り育て受け継がなければならない、大切な人類の遺産ではないでしょうか。

文化遺産としての書物。この高邁《こうまい》な理念を目標に、小社は一八五七年(安政四)の創業以来、専《もっぱ》ら日本史を中心とする歴史書の刊行に微力をつくしてまいりました。もちろん、書物はどの分野においても多種多様であり、またそれぞれの使命があります。いつでも購入できるのが望ましいことは他言を要しませんが、おびただしい書籍が濫溢《らんいつ》する現在、その全てを在庫することは容易ではなく、まことに不本意な状況が続いておりました。

このような現況を打破すべく、ここに小社は、書物は文化、良書を読者への信念のもとに、新たに『歴史文化セレクション』を発刊することにいたしました。このシリーズは主として戦後における小社の刊行書のなかから名著を精選のうえ、順次復刊いたします。そこには、偽《いつわ》りのない真実の歴史、魅力ある文化の伝統など、多彩な内容が披瀝《ひれき》されています。いま甦《よみがえ》る知の宝庫。本シリーズの一冊一冊が、現在および未来における読者の心の糧《かて》となり、永遠の古典《クラシック》となることを願ってやみません。

二〇〇六年五月

吉川弘文館

◇歴史文化セレクション

古代住居のはなし　石野博信著　二二〇〇円

邪馬台国と倭国 古代日本と東アジア　西嶋定生著　二五〇〇円

古事記の世界観　神野志隆光著　一七〇〇円

伊勢神宮の成立　田村圓澄著　二二〇〇円

物部・蘇我氏と古代王権　黛　弘道著　一九〇〇円

古代を考える 蘇我氏と古代国家　黛　弘道編　二四〇〇円

飛　鳥 その光と影　直木孝次郎著　二四〇〇円

飛鳥・白鳳仏教史　田村圓澄著　四七〇〇円

帰化人と古代国家　平野邦雄著　目下品切中

神話と歴史　直木孝次郎著　二三〇〇円

奈良の都 その光と影　笹山晴生著　二三〇〇円

宮都と木簡 よみがえる古代史　岸　俊男著　二二〇〇円

古代東北史の人々　新野直吉著　一九〇〇円

古代蝦夷　工藤雅樹著　二四〇〇円

古代蝦夷を考える　高橋富雄著　二三〇〇円

田村麻呂と阿弖流為《あてるい》 古代国家と東北　新野直吉著　一八〇〇円

空　海 生涯とその周辺　高木訷元著　目下品切中

王朝のみやび　目崎徳衛著　二三〇〇円

王朝貴族の病状診断　服部敏良著　目下品切中

奥州藤原氏 その光と影　高橋富雄著　二一〇〇円

日本中世の国家と仏教　佐藤弘夫著　二四〇〇円

◇歴史文化セレクション

鎌倉時代 その光と影　上横手雅敬著　目下品切中
中世 歴史と文学のあいだ　大隅和雄著　二三〇〇円
中世 災害・戦乱の社会史　峰岸純夫著　二三〇〇円
室町戦国の社会 商業・貨幣・交通　永原慶二著　二三〇〇円
戦国のコミュニケーション 情報と通信　山田邦明著　二三〇〇円
中世の神仏と古道　戸田芳実著　二一〇〇円
子どもの中世史　斉藤研一著　二三〇〇円

中世の葬送・墓制 石塔を造立すること　水藤　真著　一九〇〇円
信長と石山合戦 中世の信仰と一揆　神田千里著　二〇〇〇円
近世農民生活史 新版　児玉幸多著　目下品切中
赤穂四十六士論 幕藩制の精神構造　田原嗣郎著　一八〇〇円
江戸ッ子　西山松之助著　一七〇〇円
江戸の町役人　吉原健一郎著　一七〇〇円
江戸の禁書　今田洋三著　一七〇〇円

江戸歳時記　宮田　登著　一七〇〇円
江戸の高利貸 旗本・御家人と札差　北原　進著　一七〇〇円
江戸上水道の歴史　伊藤好一著　一七〇〇円
日本開国史　石井　孝著　二八〇〇円
戊辰戦争論　石井　孝著　二九〇〇円
明治維新の再発見　毛利敏彦著　一九〇〇円
近代天皇制への道程　田中　彰著　二三〇〇円

日本中世史の再発見

峰岸純夫編

A5判・三七八頁／一〇〇〇〇円

日本の中世史研究は発展の要素のみを追いかけてきすぎたのではないか―。家族史・女性史の史料論、自然と人間の関わりに内在する宗教問題、戦乱と政治・経済との関連から中世史研究を見直し、新たな中世史像を模索する。

大飢饉、室町社会を襲う！（歴史文化ライブラリー）

清水克行著

四六判・二二四頁／一七〇〇円

慢性的な飢餓に直面し生と死の狭間で生きていた室町人。そこに巨大飢饉が襲いかかったとき、人びとはどうしたのか。現代にも通じる飢餓と飽食の残酷な構造をえぐりだし、室町時代の実相を描く。中世社会の雑学も満載。

中世の巨大地震（歴史文化ライブラリー）

矢田俊文著

四六判・二二二頁／一七〇〇円

一〇〇年から一五〇年のサイクルで日本を襲う、阪神淡路大震災をはるかにこえる巨大地震。中世社会は、巨大地震にどう立ち向かったか。難波浦の津波による被害など未曾有の被害の実態に迫り、現代社会に警鐘を鳴らす。

災害復興の日本史（歴史文化ライブラリー）

安田政彦著

四六判・二四〇頁／一七〇〇円

富士山噴火・養和の大飢饉・明暦の大火・関東大震災など、人びとは災害をどう乗り越えてきたのか。古記録などにみえる被災の実態について、復興に焦点をあてて描く。過去の経験が指し示す、防災・減災への手掛かりとは。

（価格は税別）